FrauenGottesDienste

FrauenGottesDienste
Modelle und Materialien

Thema: Danken

Herausgegeben von
Marie-Luise Langwald und
Isolde Niehüser

Unter Mitarbeit von Irmentraud Kobusch

KlensVerlag/Schwabenverlag

Umschlaggestaltung: Finken & Bumiller, Stuttgart
Umschlagabbildung: PhotoCase.com
Gesamtherstellung: Schwabenverlag, Ostfildern
Printed in Germany

ISBN-10: 3-7966-1297-0 (Schwabenverlag)
ISBN-13: 978-3-7966-1297-0 (Schwabenverlag)

ISBN-10: 3-87309-242-5 (KlensVerlag)
ISBN-13: 978-3-87309-235-8 (KlensVerlag)

Inhalt

Thema: Danken
9 Hinführung

Gottesdienste
11 Eucharistiefeier: »Wir danken dir, dass du uns berufen hast, vor dir zu stehen«
17 Abendlob: »Gott, ich will dir danken in Ewigkeit«
21 Wortgottesdienst am Beginn einer neuen Amtsperiode: »Ich will dir danken«
25 Wortgottesdienst zum Dank an ausscheidende Ehrenamtliche: Wer liebt, rechnet nicht
31 Eucharistiefeier zum Erntedank: Dankbar für Gaben und Gemeinschaft
40 Wortgottesdienst zum Jahreswechsel: »Für das Vergangene: Dank – für das Kommende: Ja«

Materialien und Anregungen
49 Isolde Niehüser: Zum Gedächtnis
49 Marie-Luise Langwald: Danke, Gott
51 Petrus Ceelen: Früher – heute
52 Aus der Didache: Dankgebet
53 Jacqueline Keune: Danke, dass es einen Himmel gibt
54 Psalmen meditieren
56 Margot Schindele: Lied und Tanz zum Psalm 136
59 Isolde Niehüser: Gebärde und Tanz zu Liedern aus dem Gotteslob

Werkstatt Gottesdienst

61 Wortgottesfeier: Aufrecht leben – Die gekrümmte Frau (Lk 13,10–13)

68 Wortgottesdienst im Advent: »Drei Fenster erleuchten jeden Menschen« – Auf den Spuren der heiligen Barbara

Lieder

74 Du bist da

76 Gott, lass den Segen deiner Liebe in uns sein

Stichwort Liturgie

77 »Dank sei Gott, dem Herrn!« Zum Verständnis der Messfeier als Danksagung – *Eduard Nagel*

Kurz vorgestellt

84 segnen und gesegnet werden

85 Verwendete Schriftstellen

85 Textnachweis

86 Liedregister

Thema: Danken

Hinführung

Wie oft geht uns ein »Danke« von den Lippen? Aus Höflichkeit und als Ausdruck einer guten Kinderstube haben wir früh gelernt, was im Umgang miteinander hilfreich ist. Und ein »Gott sei Dank« sagen wir ohne zu denken, aber mit einem Gefühl der Erleichterung. Danken ist den meisten Menschen in Fleisch und Blut übergegangen, doch was bewegt uns, wenn wir danken?

Danken – so leicht und doch schwer

Wir brauchen nur zu schauen, um unendlich viel zu entdecken, wofür wir danken können. Die ganze Schöpfung zeigt sich in großartigen Formen und Farben. Sie lässt uns danken für das Blühen der Bäume, für Regen und Sonne, die reifen Früchte zur Ernte und vieles mehr. Wir danken für die Nahrung, für die Schüssel Suppe mit Brot. Wir sind dankbar für Menschen, die uns über Jahre begleiten und stärken, für geschenkte Begegnungen, die uns prägen, nachdenklich machen oder beflügeln. Bei näherer Betrachtung können und dürfen wir für die Geschenke unseres Lebens dankbar sein. Und doch entsteht das Gefühl des Dankes nur, wenn der Dank sich mit Zufriedenheit paart. Nicht das, was wir besitzen, sondern das, was wir als Geschenk wahr- und annehmen, rührt uns im Herzen an.

Lob, Preis und Dank sei Gott

Wir wollen Gott loben, preisen, danken – davon singen wir in unseren Liedern. In der Bibel, besonders in den Psalmen, finden wir häufig diesen Dreiklang der überschwenglichen Freude. Oft beschrieben mit Singen und Tanzen kommt unwiderstehlich zum Ausdruck, dass das zuvor niederdrückende Schicksal gewendet wurde. Nur wer Macht und Barmherzigkeit besitzt, kann neues Lebens schenken, ein Leben, das Gott zu verdanken ist.

Tut dies zu meinem Gedächtnis

Danken und denken gehören zusammen. Wer an jemanden oder an etwas in guter Weise denkt, spürt ein Bedürfnis, dies als Dank auch auszusprechen oder zu zeigen. Im Lukasevangelium ist überliefert, dass Jesus das Dankgebet über die Gaben spricht und auffordert: »Tut dies zu meinem Gedächtnis« (Lk 22,19). Brot und Wein werden zu Leib und Blut Christi. Das letzte Abendmahl ist der Ursprung unserer Eucharistiefeier, der Feier zur Danksagung. Dass Jesus Christus sich selbst gegeben hat, daran sollen wir dankend denken, daran sollen wir uns erinnern. Dieses Geheimnis sollen wir feiern, bis er wiederkommt. Unser Gedächtnis und Gedenken an den, der gegangen ist, ist ein Bekenntnis zu dem, der ist und sein wird: Jesus Christus. In der Feier der Danksagung vergegenwärtigen wir uns, dass wir zur Gemeinschaft der in Christi Namen Verbundenen gehören. Sie stärkt und nährt uns auf dem Weg durch unsere Lebenszeit.

Dank hat viele Facetten und Gesichter

Dank ist Thema unseres Lebens und Glaubens. Gerade in belastenden Situationen, immer dann, wenn uns spürbar mehr genommen als gegeben wird, fällt Dank schwer. Wir möchten Sie mit den Beiträgen dieses Bandes einladen, den Blick über das scheinbar Selbstverständliche hinaus zu weiten. Wir möchten Sie zum Dank ermutigen. Gott danken ist unsere Freude.

ISOLDE NIEHÜSER

Gottesdienste

»WIR DANKEN DIR, DASS DU UNS BERUFEN HAST, VOR DIR ZU STEHEN«

Eucharistiefeier

Für einen Weihrauchritus am Beginn der Präfation wird ein Weihrauchfass oder eine Schale mit Kohlen bereitgestellt.

Lied

»Nun danket alle Gott« (GL 266)

Liturgische Eröffnung

Einführung

Wir sind zusammengekommen, um Eucharistie zu feiern: Danksagung. Wir sagen Dank für viele kleine und große Geschenke, die Gott uns in unserem ganz konkreten persönlichen Leben macht. Wir sagen Dank für Jesus Christus, für seine Menschwerdung und dafür, dass er uns nahe kommt und in Brot und Wein Wohnung nimmt in uns. Wir sagen Dank auch dafür, dass Gott uns Menschen über Tausende von Jahren immer wieder neu mit seiner Liebe entgegenkommt.

Lesung

Ps 136,1–9.13–14.16.25–26   Dank an den Gott der Geschichte

Liedruf: »Laudate omnes gentes« (kfd-Liederbuch, Nr. 64)

V Dankt dem Herrn, denn er ist gütig – A denn seine Huld währt ewig.

V Dankt dem Gott aller Götter –

V Dankt dem Herrn aller Herren –

V Der allein große Wunder tut –
V Der den Himmel geschaffen hat in Weisheit –
V Der die Erde über den Wassern gegründet hat –
V Der die großen Leuchten gemacht hat –
V Die Sonne zur Herrschaft über den Tag –
V Mond und Sterne zur Herrschaft über die Nacht –
V Der das Schilfmeer zerschnitt in zwei Teile –
V Und Israel hindurchführte zwischen den Wassern –
V Der sein Volk durch die Wüste führte –
V Der allen Geschöpfen Nahrung gibt –
V Dankt dem Gott des Himmels –

Liedruf

Gebet

Gott des Lebens und der Geschichte,
wir danken dir, dass du uns Menschen neu mit deiner Gegenwart beschenkst. Von Urzeiten an hast du den Weg der Menschen begleitet, hast du dein Volk geführt und ihm neue Räume eröffnet. Wir preisen dich und danken dir durch Jesus Christus, deinen Sohn, und in der Kraft des Heiligen Geistes, jetzt und immer.

Lesung

Eph 1,3–10 Loblied auf den Heilsplan Gottes

Die Gemeinde antwortet: Dank für Jesus Christus

Liedruf: »Halleluja« (Erdentöne – Himmelsklang, Nr. 25)

V Für deine Menschwerdung – A Jesus, wir danken dir.
V Für deine Geburt aus deiner Mutter Maria –
V Dass du die Hochzeit in Kana mitgefeiert hast –

V Dass du die Schwiegermutter des Petrus geheilt hast –
V Für deine Begegnung mit der Frau am Jakobsbrunnen –
V Für deine Freundschaft mit Maria und Marta –
V Dass du dich von der blutflüssigen Frau hast berühren lassen –
V Dass du die gekrümmte Frau gesehen und aufgerichtet hast –
V Für deine Liebe zu Maria aus Magdala –
V Für deine Aufmerksamkeit für die Kinder –
V Dass du nach deiner Auferstehung den Frauen erschienen bist –
V Dass du Maria von Magdala als Zeugin gesandt hast –
V Dass du uns nicht beherrschen willst –
V Dass du unser Herr bist und auch unser Bruder –

Liedruf

Evangelium

Mk 14,22–24 Lobpreis und Dank über Brot und Kelch

Gedanken

Jesus hat immer wieder seinem Vater Dank gesagt, hat einen Lobpreis gesprochen auf die Größe und Zuneigung seines Vaters.
Beim Mahl vor seinem Leiden hat Jesus Brot und Wein in seine Hände genommen, er hat Dank gesagt und seinen Leib und sein Blut uns zum Geschenk gemacht. In dieser Feier sagen wir Dank – für seinen Leib und für sein Blut, für seine Zuneigung zu uns. Wir wollen ihm, unserem Herrn und Freund Jesus Christus, unseren Dank sagen, singen und tanzen:

Tanz

»Danket, danket dem Herrn« (GL 283)

Der Liedruf kann im Pilgerschritt getanzt werden: rechts vor, links vor, rechts vor, links zurück wiegen. Eine andere Tanz-Idee s. S. 59

Credo

»Wir glauben dich, Gott« (Erdentöne – Himmelsklang, Nr. 28)

Gabenbereitung

Auf die Begleitgebete zur Gabenbereitung »Gepriesen bist du, Herr, unser Gott ...« antworten jeweils alle:

Wir preisen dich, wir danken dir.

Präfation mit Dank für die persönliche Heilsgeschichte

In Wahrheit ist es würdig und recht, dir, heiliger Vater, immer und überall zu danken durch deinen geliebten Sohn Jesus Christus.

An dieser Stelle wird die Präfation unterbrochen. Alle sind eingeladen, ihren ganz persönlichen Dank zu sagen und ein Weihrauchkorn in das Weihrauchfass zu legen, das aufgeklappt auf dem Altar steht. Wenn alle, die das wollen, ihren Dank gesagt haben, wird die Präfation zu Ende gebetet.

Sanctus

»Du bist heilig, du bringst Heil« (kfd-Liederbuch, Nr. 105)

Nach der Wandlung

Jesus hat seinem Vater Dank gesagt für das Brot und für den Wein. Wir stimmen ein in den Dank Jesu. Wir sagen Dank für Brot und Wein, für Leib und Blut Jesu Christi:

Liedruf: »Wir preisen deinen Tod« (Erdentöne – Himmelsklang, Nr. 43)

Darum, gütiger Vater, feiern wir das Gedächtnis des Todes und der Auferstehung deines Sohnes und bringen dir so das Brot des Lebens und den Kelch des Heiles dar. Wir danken dir, dass du uns berufen hast, vor dir zu stehen und dir zu dienen.

Gütiger Vater, wir danken dir, dass du uns berufen hast, vor dir zu stehen. Voll Dankbarkeit für die Würde, die du uns schenkst, stehen wir auf. Wir stehen aufrecht vor dir und werden uns bewusst, dass du uns berufen hast und immer wieder neu rufst.

Kurze Stille

Wir danken dir, dass du uns berufen hast, vor dir zu stehen und dir zu dienen. In großer Dankbarkeit preisen wir dich:

Liedruf: »Wir preisen deinen Tod« (Erdentöne – Himmelsklang, Nr. 43)

Danach wird das Hochgebet zu Ende gebetet.

Vaterunser

Lied

»Nun danket all und bringet Ehr« (GL 267,1–2.4)

Nach der Kommunion

Wir danken dir, dass du uns berufen hast, vor dir zu stehen und dir zu dienen.

So haben wir gerade im Hochgebet gebetet. Wir wollen dieses Stehen vor Gott noch einmal wahrnehmen und spüren. Ich lade Sie ein aufzustehen. Vielleicht hilft es Ihnen, während der Meditation die Augen zu schließen.

Ich stehe vor Gott. Ich spüre den Boden unter meinen Füßen, die Erde, die mich trägt. Danke, Gott, dass du mich trägst und mir Halt gibst. Ich spüre die Weite über meinem Kopf, den Himmel über mir. Danke, Gott, dass du mich ziehst und mir Richtung gibst. Ich stehe aufrecht, aufgerichtet, gerade. Ich danke dir, Gott, dass du mich berufen hast, vor dir

zu stehen. Du siehst mich an. Dein Ansehen macht mich groß. Ich danke dir, Gott, dass du mich berufen hast, vor dir zu stehen und dir zu dienen. Mit allem, was ich bin und habe, darf ich dir helfen in deinem Dienst an den Menschen. Dieser Dienst macht mich groß. Ich strecke meine Hände und Arme dir entgegen und spüre noch einmal, wie du mich groß machst. Gott, ich danke dir.
Ich löse mich aus der Meditation, indem ich die Augen öffne und alle Bewegungen zulasse, die mir jetzt guttun.

Schlussgebet

Gott, in dieser Feier bist du uns nahe gekommen und hast uns mit deiner Liebe und Zuneigung beschenkt. Wir danken dir für deine Liebe zu uns. Wir danken dir für diese Feier und immer wieder neu für deinen Sohn Jesus Christus, der in der Einheit des Heiligen Geistes mit dir lebt und Leben schenkt, jetzt und immer.

Segen und Sendung

Gott sei Dank für seine Liebe zu uns.
Mit seiner Liebe und Wärme segne er uns.

Jesus Christus sei Dank für seinen Leib und sein Blut.
Mit seiner Zuneigung und Herzlichkeit segne er uns.

Der Ruach Gottes sei Dank für ihre Kraft.
Mit ihrer Kraft und ihrer Weite segne sie uns.

So segne uns Gott, Vater, Sohn und Heiliger Geist.

Schlusslied

»Groß sein lässt meine Seele den Herrn« (Erdentöne – Himmelsklang, Nr. 256)

Irmentraud Kobusch und Marie-Luise Langwald

»GOTT, ICH WILL DIR DANKEN IN EWIGKEIT«
Abendlob

Im Gottesdienst ist an zwei Stellen eine ruhige Instrumentalmusik vorgesehen. Weiter können je nach Situation und Gruppengröße Gedanken bei der eigenen Meditation des Tages ausgesprochen oder aufgeschrieben werden. Dafür benötigt man Zettel und Stift für jede Teilnehmerin.

Einführung
Wir haben uns heute Abend eingefunden, um unseren Tag vor Gott zu bringen. Wir kommen mit unseren Erlebnissen, in Aufgeregtheit oder Müdigkeit, mit schönen Erfahrungen oder Sorgen. Mit allem können wir zu Gott kommen, der uns nahe sein will. Wir nehmen uns einen Moment, um ruhig zu werden, schließen vielleicht auch die Augen.
Wenn wir uns einfinden, ist Gott schon da.

Stille

Lied
»Du bist da« (s. S. 74) oder
»Bevor die Sonne sinkt« (GL 702)

Liturgische Eröffnung
Wir feiern im Namen Gottes, der Zeit und Ewigkeit ist,
im Namen Jesu Christi, der die Finsternis des Todes besiegt hat,
und im Namen der heiligen Geistkraft, die uns ins Licht unseres Lebens führt.

Gebet
Gott, deine Größe suchen wir im Wunder deiner Schöpfung. Öffne uns die Augen.

Alle: Öffne uns die Augen.
Gott, deine Spur suchen wir in den Irrungen unseres Lebensweges. Zeige uns den Weg.
Alle: Zeige uns den Weg.
Gott, deine Nähe suchen wir in Begegnungen mit anderen Menschen. Komm uns entgegen.
Alle: Komm uns entgegen.

Lied

»Singet, danket unserem Gott« (GL 277,1–2.4)

Lesung

Psalm 30 Dank für Rettung aus Todesnot

Gedanken zum Psalm

Der Psalm 30, ein Danklied für eine Rettung aus Todesnot, wird David zugeschrieben. Der Text spiegelt eine wechselvolle Lebensgeschichte mit Höhen und Tiefen wider. Es könnte auch unsere Geschichte sein. Starke Bilder beschreiben die Beziehung zwischen dem Beter oder der Beterin und Gott: Von ganz unten aus dem Reich des Todes und aus der Umzingelung der Feinde rettet Gott. Gott errettet aus abgrundtiefer Not, er zieht uns gleichsam aus dem »Schlamassel« des Lebens und der belastenden Beziehungen heraus. Wie ein Arzt schenkt Gott Heilung, wenn der Beter oder die Beterin nach ihm ruft. Auch wer sich im Selbstbetrug, im scheinbaren Glück abwendet, wird erkennen, dass Gott allein lebenserhaltend und glückbringend ist. Wer Erfahrungen gemacht hat mit dem menschenfreundlichen Gott, dankt und singt, freut sich überschwenglich. Diese Freude hält an, ist weit prägender als das erfahrene Unglück des Augenblicks. Gott ist da in den Wechselfällen des Lebens. Gott ist da an jedem Tag unseres Lebens.

Meditative Instrumentalmusik

Gedanken zur Meditation

»Gott, ich will dir danken in Ewigkeit.« – so schließt Psalm 30. Dank entspringt einer Haltung, in der alles, was ist, als gut und bereichernd angenommen werden kann. Alles ist und wird gut, auch wenn es noch nicht so scheint. Wahrscheinlich kennt jede genug Situationen und Lebensumstände, die eher verzweifeln lassen. Im Unglück ist niemandem nach Dank zumute, aber Hoffnung auf Gott überdauert die Leidensstrecke. In einer tiefen Beziehung zu Gott schlägt Verzweiflung um in Vertrauen.

Wer dankt, ist zufrieden mit dem eigenen Leben, versteht anzunehmen, was geworden ist und was kommen mag. Wer dankt, verspürt Zufriedenheit. Denn Dank und Zufriedenheit gehören eng zusammen. Dank ist dann mehr als nur ein kurzes Gefühl oder ein Wort, das uns wie selbstverständlich von den Lippen geht. Gott danken in alle Ewigkeit geschieht aus einer guten Erfahrung mit Gott in meinem Leben, der mich – über meine eigenen Kräfte hinaus – bewahrt. Ich kann und muss nicht alles bewältigen, sondern darf mich beschenken lassen. Dann wird mir alles zum Zeichen Gottes, in allem kann ich Gottes Größe und Zuwendung spüren. Ich darf und kann dankbar annehmen, was mir zufällt. Jeder Augenblick, jede Begegnung kann zum »Wunder meines Alltags« werden, wenn ich staunend erkenne, dass Gott da ist und mich hält.

Meditative Instrumentalmusik

Ich lade Sie ein, noch einmal Ihren Gedanken nachzugehen:
– Wofür kann ich heute danken?
– Welches kleine »Wunder« ist mir heute begegnet?
– Welcher Anblick hat mich froh gemacht?
– Welche Begegnungen sind mir heute geschenkt worden?

Nach einer Zeit der Stille werden die Teilnehmenden eingeladen, den anderen einige Gedanken mitzuteilen. Alternativ können sie einen oder

mehrere Gedanken auf Karten schreiben, die eingesammelt und anschließend vorgelesen werden.
Je nach Gruppengröße wird nach drei bis fünf Äußerungen bzw. dem Vorlesen von drei bis fünf Karten gesungen:
»Ich will dir danken, weil du heute bei mir warst, Gott meines Lebens.«

Das Lied wird nach der Melodie »Ich will dir danken, weil du meinen Namen kennsts« gesungen (kfd-Liederbuch, Nr. 61). Dazu kann im Pilgerschritt getanzt werden. Tanzbeschreibung des Pilgerschritts s. S. 13 und Auswahl alternativer Lieder s. S. 59.

Vaterunser
Guter Gott, wir haben die Erfahrungen unseres Tages zurück in deine Hände gelegt, haben in zunächst unscheinbaren Begebenheiten und Begegnungen deine Nähe gespürt. Ins Gebet, das Jesus uns zu beten gelehrt hat, nehmen wir alle hinein, die in Jesus Christus mit dir verbunden sind:
Vater unser im Himmel ...

Gebet
Wir bitten dich, gütiger Gott, schenke uns in dieser Nacht das Licht deiner Gegenwart, lass uns in Frieden schlafen und wecke uns morgen in deinem Namen, damit wir gesund und froh einen neuen, von deinem Licht erfüllten Tag beginnen. (nach GL 700)

Segen
Eine ruhige Nacht und ein gutes Ende gewähre uns Gott,
der Vater, der Sohn und der Heilige Geist.

ISOLDE NIEHÜSER

»ICH WILL DIR DANKEN«

Wortgottesdienst am Beginn einer neuen Amtsperiode

Die Liedrufe, Segensworte und der Schlusstext sollten auf einem Liedblatt allen Teilnehmenden zur Verfügung stehen. Wurzel, Zweige, Blüten, Früchte und eine Schale mit Weihwasser bereitlegen.

Lied

»Wer unterm Schutz des Höchsten steht« (GL 291)

Einleitung

Jahre der Verantwortung liegen hinter N.N. (den Frauen), die heute (erneut) gewählt wurden. Miteinander stehen wir an einer Schwelle: Wir blicken mit N.N. zurück auf das, was in diesen Jahren war, und zugleich schauen wir zusammen mit N.N., die neu gewählt wurden, nach vorne, auf das, was kommen wird. So verbinden sich im Zurück- und im Vorwärtsschauen Dank und Bitte, Freude und Hoffnung. Wir sind gewiss, dass Gott alles, Vergangenes und Kommendes, mit seinen gütigen Augen sieht, dass es von seinen sorgenden Händen gehalten wird.
Wir schauen zurück auf Jahre, in denen N.N. mit Engagement und Kreativität im Dienst anderer tätig waren, auf Jahre, in denen sie ihre Kräfte und ihre Fähigkeiten für die übernommene Aufgabe eingesetzt haben, auf Jahre, in denen sie auf manche persönlichen Freiheiten und Vorteile verzichtet haben, auf Jahre, in denen sie Zeit und manchmal auch ihr Wohlbefinden den ihnen Anvertrauten geschenkt haben.
Zurückschauen bedeutet immer auch, nicht mehr festzuhalten, was vergangen ist, es zu lassen und in die Hand Gottes zu geben, der allem Unvollkommenen hinzufügen kann, was fehlt, der heilt, was noch verletzt ist, und vollendet, was begonnen wurde.

Dank

Der Baum ist Zeichen für alles Werden und Wachsen des Lebens. Mit

Wurzeln, Zweigen, Knospen, Blüten, Früchten und Blättern wird dies sichtbar zum Ausdruck gebracht.
Die Dankesworte an Gott erwidern alle mit einem Liedruf nach der Melodie »Ich will dir danken, weil du meinen Namen kennst« (kfd-Liederbuch, Nr. 61)
Alles, was in den vergangenen Jahren einen *guten Abschluss* gefunden hat und worauf wir nun aufbauen können, vertrauen wir dir, guter Gott, an und danken dir, dass du behütest, was wir vollbringen.

Liedruf: »... weil du meine Taten siehst, Gott, meine Liebe.«
Während des Liedrufs eine Wurzel in die Mitte legen.

Alles, was in den zurückliegenden Jahren *begonnen* wurde, zeigen wir dir, Gott, und danken dir für die Kraft der immer neuen Anfänge.

Liedruf: »... weil du meine Mühen siehst, Gott, meine Hilfe.«
Während des Liedrufs einen Zweig mit Knospen in die Mitte legen.

Alles, was unversöhnt und *unheil geblieben* ist, empfehlen wir dir, Gott, und danken dir für deinen Beistand, mit dem du vollendest, was uns nicht gelingt.

Liedruf: »... weil du heilst und für mich sorgst, Gott, mein Erlöser.«
Während des Liedrufs einen dürren Zweig in die Mitte legen.

Alles, was *gelungen* ist, worauf wir mit Stolz blicken können, lassen wir von dir, starker Gott, anschauen und danken dir für die Kraft, mit der du uns immer wieder von Neuem stärkst.

Liedruf: »... weil du meinen Namen kennst, Gott meines Lebens.«
Während des Liedrufs eine Frucht/einen kleinen Zweig mit einer Frucht in die Mitte legen.

Alles, was der *Augenblick* uns aufgibt und was uns jetzt herausfordert, vertrauen wir deiner liebevollen Sorge an und danken dir für dein Mit-uns-Sein.

Liedruf: »… weil du meine Schritte lenkst, Gott, meine Hoffnung.«
Während des Liedrufs eine Blüte in die Mitte legen.

Alles, was wir *planen* und angehen wollen, geben wir in deine liebevollen Hände und danken dir, dass du uns nicht müde werden lässt.

Liedruf: »… weil du meine Sehnsucht füllst, Gott, meine Zukunft.«
Während des Liedrufs einen Zweig mit grünen Blättern in die Mitte legen.

Hinführung zum Wort Gottes

In der Bibel werden uns Menschen vorgestellt, die sich in die Pflicht nehmen ließen für andere, die sich von Gott rufen ließen und sich den Anstrengungen und Mühen des alltäglichen Tuns aussetzten. Einer dieser Menschen ist der Prophet Elija. Nach vielen anstrengenden Jahren seines Dienstes als Prophet Gottes und in der Sorge um sein Leben gehen ihm die Kräfte aus, er wird müde und will nicht mehr weitergehen. Von ihm heißt es im ersten Buch der Könige:

Lesung

1 Kön 19,5–8 Elija unter dem Ginsterstrauch

Gedanken zum Wort Gottes

Brot, das uns stärkt, Wasser, das uns belebt, dies bietet Gott uns immer wieder und auf vielerlei Weise.
Auch unsere Gemeinschaft ist »Nahrung« und Stärkung auf dem vor uns liegenden gemeinsamen Weg. So lasst uns die neu gewählten Frauen auf ihrem Weg und in den Aufgaben stärken, die sie wieder oder neu über-

nommen haben, damit sie nicht müde werden, sondern mit offenen Händen die guten Gaben Gottes und seinen Segen annehmen können.

Ritual zur Bestärkung

Eine Schale mit geweihtem Wasser steht bereit. Je nach Situation nimmt jede der Anwesenden oder jede der im Team/Vorstand mitarbeitenden Frauen reihum diese Schale und segnet die wieder und neu gewählten Frauen mit diesem Wasser in deren geöffnete Hände. Dabei spricht sie so oder ähnlich:

Gottes Kraft wecke dich, Gottes Atem belebe dich, Gottes Liebe begleite dich.

Vaterunser

Gestärkt durch die Zusage, eingebunden in die Gemeinschaft und gehalten von der Liebe unseres Bruders Jesus Christus beten wir zu Gott, unserem Vater:
Vater unser im Himmel ...

Segen

Gottes Engel komme uns entgegen und stärke uns auf unserem Weg.
Gottes mütterliche Liebe umhülle unser Tun.
Jesu brüderliche Nähe verlasse uns nicht.
Atem Gottes, Heiliger Geist, durchdringe uns.

Lied

»Gott, lass den Segen deiner Liebe in uns sein« (s. S. 76)

MAGDALENA BOGNER

WER LIEBT, RECHNET NICHT

Wortgottesdienst zum Dank an ausscheidende Ehrenamtliche

Der Gottesdienst ist angelegt als Dank für Frauen, die aus verbandlichen Ämtern ausscheiden. Er kann auch gefeiert werden als Dank z. B. für ausscheidende Mitglieder eines Pfarrgemeinderates.
Ein Korb mit bunten Glasmurmeln für jede Teilnehmerin wird bereitgestellt.

Lied
»Unser Leben sei ein Fest« (Erdentöne – Himmelsklang, Nr. 153,1-3)

Begrüßung – Einführung
Unser Leben ist die Geschichte unserer Begegnungen. Wirkliches Leben ist auf Gespräch, auf Austausch, auf Mitteilung angewiesen. In der Begegnung mit Menschen erweitern wir unsere Welt. Im Austausch unserer Gedanken bekommen unsere Beziehungen eine neue Farbe, neue Bedeutung, mehr Tiefe, einen anderen Sinn. Es ist das gegenseitige Vertrauen, das gegenseitige sich Ernstnehmen, das echte Begegnung ermöglichen kann. Eine Voraussetzung, die uns Frauen in dieser Runde diese Begegnung ermöglicht und lebendig werden lässt, ist die schöpferische Gestaltungsfähigkeit und Kreativität vieler ehrenamtlich engagierter Frauen. Darüber wollen wir in diesem Gottesdienst besonders nachdenken. Und wir haben einen besonderen Anlass, das zu tun. Heute verabschieden wir Frau N.N. (einige Frauen) aus der aktiven ehrenamtlichen Arbeit in unserem Verband. ... Jahre war (waren) sie in der kfd-Arbeit tätig. Das ist eine Geschichte vieler echter menschlicher Begegnungen, Begegnungen von Mensch zu Mensch, Begegnungen mit Gott.
So wollen wir diese Feier gemeinsam beginnen im Namen des Vaters, des Sohnes und des Heiligen Geistes.

Gebet

Gott, du lockst uns heraus aus allen Reserven und Schneckenhäusern, aus allen Winkeln und Ecken. Du lockst uns hinein in die wärmende Sonne deiner Zuneigung, in das spannende Spiel deiner Liebe, in die Weite und Schönheit eines Lebens mit dir. Zärtlich neigst du dich uns zu, um uns zu rufen in deine schützende und bergende Nähe. Hilf uns, dass wir uns dir ganz öffnen, ohne Angst und mit ganzem Vertrauen.

Kyrie

Wir stimmen uns auf Gottes Kommen in dieser Stunde ein, indem wir ihn um sein Erbarmen anrufen:
Wenn du nicht bereit bist, den Weg freizumachen, darfst du dich nicht wundern, wenn Gott nicht ankommt. Was ist es, was du ihm in den Weg stellst? – *Stille*

Lied: »Meine engen Grenzen« (Erdentöne – Himmelsklang, Nr. 147,1)

Bereit sein heißt nicht einfach abwarten. Bereit sein heißt etwas tun, heißt, sich etwas zutrauen, sich vorbereiten auf den Empfang des Gastes. – *Stille*

Lied: »Meine ganze Ohnmacht« (Erdentöne – Himmelsklang, Nr. 147,2)

Wenn du kein Vertrauen hast, dass es Gott möglich ist, deine innere Kälte und Härte zu verwandeln in Wärme und Weichheit, dann wohnst du noch im Haus der Angst, dann musst du umziehen. – *Stille*

Lied: »Mein verlornes Zutraun« (Erdentöne – Himmelsklang, Nr. 147,3)

Wenn du nicht bereit bist, den Weg freizumachen, darfst du dich nicht wundern, wenn Gott nicht ankommt. Was ist es, was du ihm in den Weg stellst? – *Stille*

Lied: »Meine tiefe Sehnsucht« (Erdentöne – Himmelsklang, Nr. 147,4)

Gott, weil du dich nach uns sehnst, lockst du uns heraus aus allen Reserven und Schneckenhäusern, aus allen Winkeln und Ecken, um das Echo deiner Liebe in uns zu wecken, um von uns die Antwort zu erhalten, nach der du dich sehnst. Was hindert mich, mein Schneckenhaus zu verlassen? Komm und rufe mich, ich höre.

Gebet

Schöpferischer Gott,
du hast den Menschen nach deinem Vorbild geschaffen.
Wir danken dir, dass wir lachen und weinen, streiten und uns versöhnen können. Wir vermögen kreativ und ausgelassen zu sein. Du hast uns Verstand, Herz und Phantasie geschenkt. So können wir einander begegnen und deine Liebe sichtbar werden lassen.
Schenke uns deine Nähe, darum bitten wir dich durch Jesus Christus, unseren Bruder und Herrn.

Ein Märchen: Die Kugeln

Es war einmal eine große weise Frau. Die holte eines Tages ein kleines Mädchen zu sich und wollte ihr das schönste Spiel beibringen, das sie kannte; denn sie liebte das Mädchen. Sie sammelte Kugeln aus herrlichem bunten Glas und sagte zu ihm: »Sieh her, ich werde dir jetzt eine Kugel nach der anderen zuwerfen. Jede hat eine andere Farbe und einen anderen Namen. Diese hier heißt Freude, die dort Arbeit, die da drüben Friede, diese Leid. Und du sollst mir jede sofort zurückwerfen, das ist der Sinn des Spiels: das Geben und Nehmen im Wechsel. Nur im Flug glänzen die Kugeln so hell, wie sie sollen.« Das Spiel begann und zwischen Geben und Nehmen schimmerten die Farben der Kugeln. Und das Spiel war sehr gut.
Aber dann wollte das Mädchen die schönste Kugel festhalten. Es drückte sie fest an sich und sie zerbrach. Vor Schreck vergaß es, die nächste zu

fangen, und sie lag in tausend Scherben am Boden. Und je mehr es versuchte, die Kugeln zu halten, desto größer wurde der Haufen Scherben um es herum. Die Scherben zerschnitten die Hände des Mädchens und es blutete. Das tat der Frau leid, die das Kind liebte. Sie beugte sich und trug die Scherben weg. Und jede Wunde, die sie selbst dabei bekam, heilte eine Wunde des Kindes. Schließlich war sie so zerschnitten, dass eine Fortsetzung des Spiels unmöglich erschien. Doch sie stand auf, bereit zum Weiterspielen. Diesmal hatte das Mädchen begriffen. Als die Freude kam, warf es sie wieder der Frau zu und sie glitzerte herrlich im Flug. Als das Leid kam, machte das Kind es genauso und im Flug änderte sich die Farbe des Leids in Freude. Jede Bewegung des Mädchens war jetzt auf die Frau gerichtet. Und siehe, das Spiel war sehr gut.

BEARBEITET VON MARIE-LUISE LANGWALD

Austausch zum Märchen

Um das Geben und Nehmen geht es in dieser Geschichte, um das Geben und Nehmen im rechten Verhältnis. Wir haben einen Korb mit bunten Glaskugeln mitgebracht, den wir jetzt herumreichen. Bitte nehmen Sie sich eine Murmel heraus. Halten Sie sie gegen das Licht und schauen Sie, wie sie glänzt und schimmert. Wir laden Sie ein, über die Geschichte noch einmal nachzudenken und sich kurz mit ihrer Nachbarin darüber auszutauschen.

Meditative Musik

Evangelium

Mk 14,3–9 Wer liebt, rechnet nicht

Lied

»Ins Wasser fällt ein Stein« (kfd-Liederbuch, Nr. 25)

Fürbitten

Jesus Christus, du lässt dich von uns berühren, du lässt dich von dieser liebevollen Frau salben, du lässt uns nahe an dich herankommen. Wir kommen zu dir mit unseren Bitten:

- Öffne unsere Hände und unsere Herzen und lass uns deine Liebe dankbar empfangen und an andere weiterschenken. Christus, höre uns. – Christus, erhöre uns.
- Gib den Frauen in unserer kfd-Gemeinschaft den Mut, sich von den Fesseln einengender Gedanken und vorschneller Urteile zu befreien, und lass sie im Miteinander die Weite deiner Liebe leben und sich füreinander einsetzen. Christus, höre uns.
- Hilf der Welt zu erkennen, dass wir nicht nur von Leistung und Wohlstand leben, sondern viel mehr noch vom gegenseitigen Vertrauen und von der Liebe, die wir einander schenken. Christus, höre uns.
- Lass alle, die in unserer Gesellschaft nichts mehr leisten können, Menschen finden, die sich Zeit für sie nehmen und ihnen liebevoll begegnen. Christus, höre uns.

Diese und alle unsere Bitten tragen wir vor dich. Höre uns und sende uns, heute und alle Tage unseres Lebens.

Hier könnte noch ein persönlicher Dank an die ausscheidenden Frauen ausgesprochen werden. Ihnen könnte als Geschenk eine große Glaskugel überreicht werden.

Vaterunser

Wir spüren immer wieder, dass unsere Welt Solidarität und Mitmenschlichkeit dringend braucht. Wir wollen uns die Hände reichen als Zeichen dafür, dass wir uns geeint wissen als Schwestern und Brüder. Genauso hat Gott uns Menschen gewollt: Hand in Hand, eine die andere stützend, eine die andere begleitend, eine die andere haltend. Hand in Hand vereint als Gottes geliebte Kinder. Jetzt sprechen wir das Gebet, das uns mit allen Christen auf der ganzen Welt verbindet.

Vater unser im Himmel ...

Friedensgruß

Frieden beginnt in unserem Verband und in unserer Kirche immer dann, wenn wir voneinander hören und umeinander wissen, miteinander reden und beten und füreinander denken und einstehen.
Der Friede Gottes sei allezeit mit uns.

Segen

Gott, die Kraft, segne uns.
Gott, die Macht, behüte uns.
Gott, die Liebe, lasse sein Angesicht über uns leuchten.
Gott, die Zukunft, sei uns gnädig und öffne uns neue Wege.
Gott, der Vater, der Sohn und der Heilige Geist,
gehe mit uns auf unseren Wegen
und gebe uns und allen Menschen seinen Frieden.

Schlusslied

»Lasst uns miteinander gehen« (kfd-Liederbuch, Nr. 13)

Marlis Merschhemke

DANKBAR FÜR GABEN UND GEMEINSCHAFT
Eucharistiefeier zum Erntedank

Die Teilnehmerinnen sehen auf dem Boden ein Mandala mit fünf unterschiedlich farbigen konzentrischen Kreisen. In der Meditation zu den einzelnen Kreisen werden symbolisch Gegenstände in den jeweiligen Kreis gestellt: im äußersten, grünen Kreis Symbole für Schöpfung wie Pflanzen, Blumen, Muscheln; im nächsten, blauen Kreis Nahrungsmittel wie Brot, Tomaten und Paprika, Äpfel und ein Krug mit Wasser; im nächsten, roten Kreis ausgeschnittene Fußspuren für Menschen und im nächsten, weißen Kreis Symbole für die Zuwendung Gottes und für das Gebet wie Bibel, Rosenkranz und Gotteslob. In die Mitte wird zuletzt eine Kerze als Symbol für Christus gestellt.

Lied
»Erde singe, dass es klinge« (Erdentöne–Himmelsklang, Nr. 271)

Liturgische Eröffnung

Einführung
Wir feiern Erntedank. Dank hat etwas mit unserem Herzen, mit unserer Mitte zu tun. Wir sagen Dank für die Ernte und für unsere Gemeinschaft hier in der Kirche, in der wir als Gemeinde zusammengekommen sind, um Gott zu erfahren. Gott ist unsere Lebensmitte. Unseren Dank wollen wir sichtbar darstellen in Form eines Mandalas. Mehrere Ringe werden uns zur Mitte dieses Mandalas führen.
Zum Beginn unseres Gottesdienstes grüßen wir Christus:

Kyrie
Jesus Christus, in deinem Namen sind wir versammelt.

Liedruf: »Kyrie eleison« (kfd-Liederbuch, Nr. 109)

Jesus Christus, du bist die Mitte unserer Gemeinschaft.

Liedruf

Jesus Christus, mit dir stimmen wir ein in den Dank.

Liedruf

Tagesgebet

Lesung
Kol 3,15b–17 Seid dankbar

Lied
»Nun danket alle Gott« (GL 266,1)

Evangelium
Lk 10,21 Der Dank Jesu an den Vater

Gedanke zu den Bibelstellen
Vom Geist Gottes erfüllt bricht der Dank Jesu an seinen Vater aus ihm heraus. Wir sind hineingenommen in die liebende Beziehung, die Jesus zu seinem Gott hat, wir dürfen mit ihm für alles in dieser Welt und unserem Leben dankbar sein.
Das Evangelium wird noch einmal vorgelesen.

Meditation zu den Kreisen des Mandalas

Erster Kreis: Schöpfung
Im ersten Kreis denken wir dankbar an das Geschenk der Schöpfung. Bei vielen Veranstaltungen unserer Gemeinschaft, bei Ausflügen und Wanderungen, bei Besichtigungen und Freizeiten werden uns die

Schönheit und die Vielfalt der Schöpfung bewusst. Wir bestaunen Wälder und Berge, Blumen und Tiere, Wasser und Weite. Sie erfreuen und stärken Herz und Sinn.

Wir danken dir, guter Gott:

V Für deine wunderbare Schöpfung – A danke, guter Gott.
V Für Sonne, Mond und Sterne –
V Für den Wind und so manchen Regenschauer –
V Für den Gesang der Vögel –
V Für die bunten Schmetterlinge, die Käfer und die Lebendigkeit der Fische –
V Für die Tiere des Waldes –
V Für die unbeschreibliche Blumenpracht –
V Für Bäume und Gärten –
V Für die grünen weiten Wiesen –
V Für Wälder, Berge und Täler –
V Für Meere und Seen, Wasser und Ströme –
V Für Sand, Felsen und Wüsten –
V Für die Wolken und die Weite des Himmels –
V Für Frühling, Sommer, Herbst und Winter –

Ja, wir danken dir, guter Gott. In allem können wir entdecken, dass du uns liebst. Lass uns achtsam mit deinen Gaben umgehen und uns einsetzen, wenn es um die Bewahrung deiner Schöpfung geht.

Einige Symbole für die Schöpfung werden in den äußersten, grünen Kreis gelegt, z. B. Pflanzen, Blumen und Muscheln.

Lied

»Laudato si« (Erdentöne – Himmelsklang, Nr. 267,1–3)

Zweiter Kreis: Nahrung

Im zweiten Kreis denken wir dankbar an alles, was wir zum Leben brauchen. Wie überreich sind die Tische gedeckt, die wir immer wieder vorfinden. Wir denken an das gute Essen bei unseren Ausflügen, an den leckeren Kuchen und den Kaffee bei unseren Veranstaltungen. Wir denken an die liebevoll gedeckten Tische. Wir haben genug und mehr als genug zu essen.

Wir danken dir, guter Gott, für alles, was uns nährt, stärkt und erfrischt:

V Für Speise und Trank – A danke, guter Gott.

V Für die guten Gaben der Erde –

V Für die Köstlichkeit auf unseren Broten –

V Für Butter und Milch –

V Für Gemüse und Fleisch –

V Für Früchte und Beeren –

V Für das Brot in seiner Vielfalt –

V Für den Wein –

V Dass wir satt werden –

V Dass wir so reich gedeckte Tische haben –

Ja, Dank dir, guter Gott. In allem können wir deine Liebe spüren. Gib, dass wir den Hunger unserer Nächsten sehen und dann nicht achtlos vorübergehen, sondern großzügig teilen.

Einige Symbole für Nahrung werden in den nächsten, blauen Kreis gelegt, z. B. Brot, Tomaten und Paprika, Äpfel, ein Krug Wasser.

Lied

»Das eine Brot« (kfd-Liederbuch, Nr. 103)

Dritter Kreis: Menschen

Im dritten Kreis denken wir dankbar an die Menschen, mit denen wir verbunden sind. Alle frohen und besinnlichen Stunden, alle Gespräche, Feste und Ereignisse sind nicht zu trennen von den Menschen, die dazugehören. Wir leben von dem Wechselspiel: Im Umsorgen und Verwöhnen erfreuen wir die anderen, im Beistehen, Zuhören und Besuchen schenken wir ihnen Achtung und Anerkennung. So ist Vertrauen gewachsen zwischen den Mitarbeiterinnen, in den Gruppen und in unserer kfd-Gemeinschaft. Manchmal hat uns dieses Miteinander auch herausgefordert: Geduld, Rücksichtnahme und Verständnis musste geübt werden. Aber es gab auch immer Wege, die uns nach Auseinandersetzungen wieder zusammenführten.

Wir danken dir, guter Gott, für alle Begegnungen:
V Für die Gespräche – A danke, guter Gott.
V Für die gemeinsame Freude –
V Für das Anteilnehmen und die liebenden Zuwendungen –
V Für das gemeinsame Singen –
V Für jedes tröstende und aufmunternde Wort –
V Für die Offenheit im Gespräch –
V Für die Geduld und das verständnisvolle Warten –
V Für die freundlichen Einladungen und die herzlichen Begrüßungen –
V Für die kleinen Aufmerksamkeiten –
V Für das Vertrauen und die Ermutigungen –
V Für alle Ideen und Einfälle –
V Für alle Menschen, die Liebe schenken –
V Für alle, die in Geduld ihr Schicksal, ihre Krankheit ertragen –
V Für alle, die ihren Glauben leben –
V Für alle Kräfte, durch die wir Gutes tun –

Ja, danke, guter Gott. In allem können wir deine Liebe entdecken. Lass uns offen füreinander bleiben – und besonders die Schwachen, die Hilf- und Mutlosen im Blick behalten. Lass unsere Gemeinschaft immer mehr ein Ort der Wärme und der Liebe werden.

Fußspuren werden als Zeichen für die Begegnungen der Menschen in den roten Kreis gelegt.

Lied

»Lasst uns miteinander gehen« (kfd-Liederbuch, Nr. 13,3–4)

Vierter Kreis: Beziehung zu Gott

Im vierten Kreis denken wir dankbar daran, dass Gott uns mit seiner Nähe beschenkt. Wir denken an unsere religiösen Veranstaltungen: an die gemeinsamen Eucharistiefeiern, an die Einkehrtage, Wallfahrten, an die Betstunden und Andachten. Wir denken daran, dass die Gemeinschaft unseres Glaubens Gottes Geschenk ist.

Wir danken dir, guter Gott, für deinen Heiligen Geist, der uns verbindet und stärkt:

V Für dein Lieben, das uns zum Nächsten führt – A danke, guter Gott.

V Für deine Treue, die uns nicht aufgeben lässt –

V Für die Kraft und Stärkung aus dem gemeinsamen Gebet –

V Für die Weisung und Hilfe aus den Einkehrtagen –

V Für die Gemeinschaft mit dir und den anderen in der Feier der Eucharistie –

V Für das mehr und mehr Begreifen deiner unendlichen Liebe –

V Für die tiefe Freude, die nur du geben kannst –

V Für die Gemeinschaft im Gebet –

Ja, danke, guter Gott. In allem können wir deine liebende Zuwendung spüren. Lass uns nicht müde werden, dich zu suchen und deiner Spur zu folgen.

Als Zeichen für Gebet und für Gottes Zuwendung an die Menschen werden Bibel, Rosenkranz und Gotteslob in die Mitte gelegt.

Lied

»Wir haben Gottes Spuren festgestellt« (kfd-Liederbuch, Nr. 12,1)

Fünfter Kreis/Mitte: Christus

Unser Weg führt zur Mitte. Dort stellen wir eine Kerze auf. Sie ist Zeichen für Christus. Von der Mitte her erhält alles seinen Sinn, seine Kraft und sein Leben. Jesus Christus, der Mensch gewordene Sohn Gottes, weist auf alles, was geworden ist. In ihm ist Gott erschienen: Gott ist der Urgrund der Schöpfung. Er sorgt für Leib und Seele, er nährt uns und gibt uns Menschen mit auf unseren Weg. Er ermöglicht Begegnung und offenbart sich selbst als der »Ich-bin-da«.

Wir danken dir, guter Gott, der du deinen Sohn geschenkt hast, um uns zu dir zu ziehen:

V Für deine Führung – A danke, guter Gott.
V Für deinen Schutz –
V Für deine Spuren in unserem Leben –
V Für dein Wort und deine Weisung –
V Für dein Licht –
V Für deine Nahrung –
V Für deine Barmherzigkeit –
V Für deine Treue –
V Für deine Liebe –

So dürfen wir dich heute bitten:

V Alles Unfertige – A nimm in deine Hände, guter Gott.
V Alles Unausgesprochene –
V Alles Falsche –
V Alles Zerstörte –
V Alles Verwundete –
V Alle Sorgen –
V Alle Traurigkeit –

V Alle Unsicherheit –
V Unsere Zukunft –

Lied zur Gabenbereitung

»Herr, wir bringen in Brot und Wein« (kfd-Liederbuch, Nr. 106)
Die Gebete zur Gabenbereitung werden gesprochen. Danach wird jeweils der Refrain des Liedes wiederholt. Im Refraintext kann »Herr« durch »Gott«, »brüderlichen« durch »österlichen« ersetzt werden.

Sanctus

»Großer Gott, wir loben dich« (GL 257,2)

Vaterunser

Wir reichen einander die Hände und beten:
Vater unser ...

Schlussgebet

Guter Gott,
am heutigen Erntedankfest wird uns in besonderer Weise bewusst, dass du uns täglich nährst mit deinen guten Gaben. Du hältst uns in deiner Liebe und stärkst uns durch den Leib und das Blut deines Sohnes auf unserem Weg durch die Zeit.
Mit unserem Leben wollen wir dir danken und dein Lob verkünden durch Christus Jesus, unseren Bruder und Freund.

Segen

Wir gehen mit dem Segen des Schöpfergottes, der die Welt so wunderbar geordnet hat,
wir gehen mit dem Segen Jesu Christi, der uns ruft auf die Spur seines Lebens, Sterbens und Auferstehens,
wir gehen mit dem Segen der Geistkraft, die uns Gottes Größe und Zuwendung erkennen lässt.

Wir gehen mit Dank und mit der Erwartung, dass wir als Gesegnete zum Segen werden.
Es segne uns Gott, der Vater, der Sohn und der Heilige Geist.

Lied
»Unser Leben sei ein Fest« (Erdentöne – Himmelsklang, Nr. 153,1–2)

Regina Steinmetz

»FÜR DAS VERGANGENE: DANK – FÜR DAS KOMMENDE: JA«

Wortgottesdienst zum Jahreswechsel

Lied

»Kommt herbei, singt dem Herrn« (GL 270,1–3)

»Singt dem Herrn« durch »singet Gott« ersetzen.

Begrüßung und einführende Gedanken

Das Jahr geht zu Ende. Wir sind zusammengekommen, um es miteinander vor Gott zu beschließen, um zu danken für alle Gaben und Führungen, die er uns geschenkt hat, um einzugestehen, wo wir vor Gott gefehlt haben und schuldig geworden sind.

Miteinander wollen wir aber auch Ausschau halten auf das neue Jahr, das noch in seinen Händen liegt. Wir bitten Gott um seine Gnade und seinen Segen für jeden neuen Tag, um Mut und Zuversicht für alles Unbekannte, das uns erwartet, um die Fülle der Freude, die uns aus seiner Hand geschenkt wird.

Dag Hammarskjöld hat es so gesagt: »Für das Vergangene: Dank – für das Kommende: Ja«

So feiern wir Gottesdienst: im Namen des Vaters, des Sohnes und des Heiligen Geistes.

Lesung

Offb 21,2–5a   Seht, ich mache alles neu

Psalm-Gebet

(Paraphrase zu Psalm 139,1–18)

V/A

Gott, du kennst mein Herz. Bei dir bin ich geborgen.

Rechte Seite
Gott, du kennst mich.
Du kennst mein Denken und Fühlen.
Alles, was mir durch den Kopf geht,
weißt du, ehe es mir bewusst ist.

Linke Seite
Du weißt um die Gedanken,
die mich pausenlos jagen,
die ich nicht in den Griff bekommen kann,
die mich denken.

Rechte Seite
Du weißt, wie sie mich quälen und nicht loslassen.
Du weißt, wie sie durchsetzt sind
mit bösen Wünschen,
Verzweiflung und Mutlosigkeit.

Linke Seite
Es ist dir alles vertraut,
du kennst es besser als ich.
Wollte ich es vor dir verstecken
wie vor anderen Menschen –
so wäre es vergeblich.

Rechte Seite
Ich bin vor dir wie ein offenes Buch.
Auch wenn ich mich gegen dich sperre,
dich aus meinem Denken verbanne,
so bist du da.

Linke Seite
Wenn ich mich dem Dunkel der Verzweiflung überlassen will,
so siehst du mich;
wenn ich mich blind dem Glück des Augenblicks anvertraue,
so bist du da.

Rechte Seite
Nichts entgeht dir, Dunkelheit und Licht.
Immer bist du um mich, deine Hand hält mich,
sie umgreift mich von allen Seiten.
Denn ich bin dein Geschöpf.

Linke Seite
Du hast mich geschaffen. Du liebst mich.
Mein Leben liegt in deiner Hand.
Hast du es so gewollt?
Ich weiß es nicht.

Rechte Seite
Manchmal kann ich es nicht glauben,
dass mein Weg so gedacht war von dir.
Wie kann ich deine Gedanken erkennen?
Ich grüble und komme nicht weiter.

Linke Seite
Aber ich weiß:
Ich kann nicht aus deiner Hand fallen.
Du bist bei mir auf meinem Weg.
Du hältst mich; immer bin ich bei dir.

Rechte Seite
Ehre sei dem Vater und dem Sohn und dem Heiligen Geist,

Linke Seite

wie im Anfang so auch jetzt und alle Zeit
und in Ewigkeit. Amen.

Alle

Gott, du kennst mein Herz. Bei dir bin ich geborgen.

Lied

»Suchen und fragen« (kfd-Liederbuch, Nr. 9)

Geschichte

Jeden Tag gehen die Frauen aus dem Dorf hinunter zum Fluss. In großen Tonkrügen holen sie Wasser, denn im Dorf gibt es keine Quelle. Eines Morgens schaut eine der Frauen verträumt einem Schmetterling hinterher. Dabei stolpert sie und der Krug wird beschädigt. Einen zweiten hat sie nicht, auch kein Geld für einen neuen. Und so umwickelt sie den Krug notdürftig mit ihrem Tuch.

Aber das Wasser tropft an den Bruchstellen heraus und jedes Mal, wenn sie wieder im Dorf ankommt, ist die Hälfte weg. »Ach«, klagt sie, »was für ein Unglück! Warum war ich bloß so unvorsichtig? Alle anderen bringen mehr Wasser nach Hause! Meine Mutter hat recht, ich bin wirklich zu nichts nütze!«

So geht das Tag für Tag, Woche um Woche. Eines Morgens aber, als die Frauen wieder zum Fluss gehen, ist der schmale Pfad gesäumt von grünen Gräsern und vielen kleinen Blumen – rot, gelb und weiß leuchten sie. »Das waren deine Wassertropfen«, lachen die Frauen, »sie haben den staubigen Weg zum Blühen gebracht.«

QUELLE UNBEKANNT

Kurze Stille

Fragen

Wenn möglich, wird leise Musik gespielt.

Was sagt mir diese Geschichte?
Finde ich mich darin wieder in den Ereignissen des vergangenen Jahres?

Wo waren meine »Brüche«?
Welche »Verluste« habe ich – aus welchen Gründen – erlitten?

Leide ich daran? Stehe ich zu meinen Fehlern?
Sehe ich auch das Positive, das daraus erwachsen ist?

Kann ich mich von Herzen freuen an diesem Positiven?
Kann ich es zu den Schätzen und Reichtümern dieses Jahres zählen?

Stille

Lied

»Von guten Mächten treu und still umgeben« (Erdentöne – Himmelsklang, Nr. 123)

Gedanken

Man sagt, heute sei Neujahr.
Punkt 24 Uhr sei die Grenze
zwischen dem alten und dem neuen Jahr.
Aber so einfach ist das nicht:
Ob ein Jahr neu wird,
liegt nicht am Kalender,
nicht an der Uhr.
Ob ein Jahr neu wird,
liegt an uns,
ob wir es neu machen!

Ob wir neu anfangen zu denken!
Ob wir neu anfangen zu sprechen!
Ob wir neu anfangen zu leben.
JOHANN WILHELM WILMS (1772–1847)

Ob es nicht möglich ist,
das Alte, den alten Menschen, hinter sich zu lassen?
Ob es nicht möglich ist, neu zu sehen?
Den Menschen neben uns neu zu sehen?
Dann wird auch er neu!

Und wir müssen den anderen neu hören:
die leisen und hellen Untertöne,
nicht immer nur das Falsche heraushören!
Ihm neu begegnen, mit einer offeneren, gewandelten Liebe,
die Vertrauen schafft und Einheit!
Und die Zeit, in der wir leben, neu sehen,
das Schöne und Überraschende entdecken,
neu staunen, neu er-leben:

Wenn wir vertrauend uns hingeben,
Hand und Herz öffnen,
uns beschenken lassen,
wenn wir dem Geist Raum geben in uns,
dem Heiligen Geist, der uns lehrt,
neu zu sehen, neu zu hören,
neu zu leben, neu zu lieben,
dann, ja, dann dürfen wir hoffen,
dass auch in diesem neuen Jahr das Wunderbare sich ereignet,
dass auch an unserem Weg
die Blumen aufblühen und Wandlung geschieht,
dass das Neue wird, auf das wir alle hoffen.

Gebet

So sprechen wir miteinander das Gebet, das Jesus uns gelehrt hat:
Vater unser ...

Und wir hören, wie Gott uns an der Schwelle des neuen Jahres darauf antwortet:

Mein Kind in der Welt,
bedrängt, einsam
und der Versuchung ausgesetzt,
ich kenne deinen Namen wohl,
ich nenne und heilige ihn,
weil ich dich liebe.

Du wirst nie alleine sein; ich wohne in dir
und gemeinsam werden wir
das Reich des Lebens ausbreiten,
das ich dir zum Erbe geben werde.

Es freut mich,
dass du meinen Willen tust;
ich will ja, dass du glücklich bist.

Du wirst dein tägliches Brot haben – sorge dich nicht.
Aber ich bitte dich,
es mit deinen Brüdern und Schwestern zu teilen.

Du sollst wissen,
dass ich dir all deine Sünden verzeihe
– schon bevor du sie begehst –,
aber ich erwarte, dass auch du denen verzeihst,
die dir Unrecht tun.

Und um nicht in Versuchung zu fallen,
halte mit aller Kraft meine Hand fest,
und ich werde dich aus allem Bösen befreien,
du mein geliebtes Kind.

J. Lancelot, aus dem Italienischen übersetzt von Resi Montag

Segen

Wir bitten um Gottes Segen für das kommende Jahr:

Gott, schenke uns allen ein gesegnetes Jahr,
ein gesundes und behütetes Leben,
eine gute Zeit und Tage mit erfüllten Stunden.

Gott, schenke uns offene Augen,
die hellsichtig sind für die Gaben,
die du uns schenkst.

Gott, schenke uns offene Ohren,
die auch leise und unausgesprochene Bitten
unserer Mitmenschen hören.

Gott, schenke uns Behutsamkeit
im Umgang mit schwierigen Menschen
und ein gutes Gedächtnis für die Sorgen anderer.

Gott, schenke uns ein stets fröhliches Gesicht
und ein Lächeln,
das aus dem Herzen kommt.

Gott, begleite uns
auf allen Wegen, die wir gehen,

und tritt uns entgegen
in den Menschen, die uns begegnen.

Gott, lass unser Leben
auch im neuen Jahr
ruhen in deiner Hand
und lass uns darin geborgen sein
wie ein Vogel in seinem Nest.
NACH EINEM IRISCHEN SEGENSGEBET

Schlusslied

»Ich lobe meinen Gott« (kfd-Liederbuch, Nr. 108)

RESI MONTAG

Materialien und Anregungen

ZUM GEDÄCHTNIS

Denk an mich, bitte ich eine Freundin,
die in eigenen Gedanken Gedenken verspricht.
Für ihr Gedenken danke ich.
Denn Leben gelingt
im Gedächtnis,
ist Dank.

ISOLDE NIEHÜSER

DANKE, GOTT

Danke,
Gott,
du Vater und Mutter,
sorgender Schutz
und bergende Liebe.
Danke
für allen Schutz
und für alle Liebe
in unserem Leben.

Danke,
Jesus Christus,
du Bruder und Freund,
mitgehender Bruder
und umarmender Freund.
Danke

für alle Weggemeinschaft
und für alle Wärme
in unserem Leben.

Danke,
Geist-Kraft,
du Gemeinschaft und Stärke,
stützende Gemeinschaft
und aufrichtende Stärke.
Danke
für alle Nähe
und für alle Richtung
in unserem Leben
und in unserer Gemeinschaft.

Danke,
Gott, Vater und Mutter,
Sohn
und Geist-Kraft,
jetzt und alle Zeit.

Gott,
dir sei Dank.

MARIE-LUISE LANGWALD

FRÜHER – HEUTE

Früher sagte man:
Gott segne dich!
Heute sagen wir:
Toi, Toi, Toi!

Früher faltete man
die Hände.
Heute drücken wir
die Daumen.

Früher verließ man sich
auf seinen Schutzengel.
Heute sind wir verlassen
von allen guten Geistern.

Früher sagte man:
Gott sei Dank!
Heute sagen wir:
Schwein gehabt!

PETRUS CEELEN

DANKGEBET

Wir danken dir, Vater,
für deinen heiligen Namen,
dem du in unseren Herzen
eine Wohnung bereitet hast.
Wir danken dir für die Erkenntnis,
den Glauben und die Unsterblichkeit,
die du uns durch deinen Knecht Jesus geoffenbart hast.
Allmächtiger Herrscher,
um deines Namens willen
hast du alles erschaffen.
Du gibst uns Speise und Trank,
wir danken dir,
du gibst uns geistige Nahrung und ewiges Leben.
Wir danken dir,
denn du bist mächtig,
dir sei die Ehre in Ewigkeit.
Es komme deine Gnade
und es vergehe diese Welt.

Aus der Didache (2. Jahrhundert n. Chr.)

DANKE, DASS ES EINEN HIMMEL GIBT

Danke,
Gott,
dass du uns inmitten unserer Alltage erinnerst,
dass es einen Himmel gibt,
der dem Leben Weite und Würde verleiht
und am Ende der Zeit über allen aufgehen wird.
Danke,
dass da eine Ahnung von Himmel schon heute da ist.
Dort,
wo Liebe uns ansieht,
wo Schönheit uns anrührt,
wo Güte aufstrahlt.
Danke für unseren Bruder,
ganz aus Erde und ganz aus Himmel gemacht.
Aus der Vereinsamung hat er in die Zugehörigkeit geführt,
aus der Willkür ins Recht,
aus der Sehnsucht in die Wirklichkeit.
Um seinetwillen möge unser Lied deinen Himmel erreichen.

JACQUELINE KEUNE

PSALMEN MEDITIEREN

Die Psalmverse werden kopiert, in Streifen geschnitten und aufgerollt an die Frauen verteilt. Bei meditativer Musik kann jede Frau ihren Psalmvers lesen und meditieren. Danach ist Gelegenheit, den eigenen Vers vorzulesen und – wenn möglich – etwas dazu zu sagen.

Ps 9,2–3
Ich will dir danken, Herr, aus ganzem Herzen, / verkünden will ich all deine Wunder. Ich will jauchzen und an dir mich freuen, / für dich, du Höchster, will ich singen und spielen.

Ps 30,12–13
Da hast du mein Klagen in Tanzen verwandelt, / hast mir das Trauergewand ausgezogen und mich mit Freude umgürtet. Darum singt dir mein Herz und will nicht verstummen. / Herr, mein Gott, ich will dir danken in Ewigkeit.

Ps 42,6
Meine Seele, warum bist du betrübt / und bist so unruhig in mir? Harre auf Gott; denn ich werde ihm noch danken, / meinem Gott und Retter, auf den ich schaue.

Ps 71,22–23
Dann will ich dir danken mit Saitenspiel / und deine Treue preisen; mein Gott, du Heiliger Israels, / ich will dir auf der Harfe spielen. Meine Lippen sollen jubeln, / denn dir will ich singen und spielen, / meine Seele, die du erlöst hast, soll jubeln.

Ps 92,2–5
Wie schön ist es, dem Herrn zu danken, / deinem Namen, du Höchster, zu singen, / am Morgen deine Huld zu verkünden / und in den Nächten

deine Treue / zur zehnsaitigen Laute, zur Harfe, / zum Klang der Zither. Denn du hast mich durch deine Taten froh gemacht; / Herr, ich will jubeln über die Werke deiner Hände.

Ps 118,1.28–29

Danket dem Herrn, denn er ist gütig, / denn seine Huld währt ewig. Du bist mein Gott, dir will ich danken; / mein Gott, dich will ich rühmen. Danke dem Herrn, denn er ist gütig, / denn seine Huld währt ewig.

Ps 138,1–3

Ich will dir danken aus ganzem Herzen, / dir vor den Engeln singen und spielen; ich will mich niederwerfen zu deinem heiligen Tempel hin / und deinem Namen danken für deine Huld und Treue. Denn du hast die Worte meines Mundes gehört, / deinen Namen und dein Wort über alles verherrlicht. Du hast mich erhört an dem Tag, als ich rief; / du gabst meiner Seele große Kraft.

Ps 139,14

Ich danke dir, dass du mich so wunderbar gestaltet hast. / Ich weiß: Staunenswert sind deine Werke.

Ps 147,7–8

Stimmt dem Herrn ein Danklied an, / spielt unserm Gott auf der Harfe! Er bedeckt den Himmel mit Wolken, / spendet der Erde Regen / und lässt Gras auf den Bergen sprießen.

LIED UND TANZ ZUM PSALM 136

Bei diesem Impuls wechseln sich Tanz und die Worte, die der Danklitanei für Gottes ewige Huld, Psalm 136, nachempfunden sind, ab.

Singt ein Danklied

T und M: Jacques Berthier

Hinweis: Dieser Taizé-Gesang ist auf Tonträger erhältlich: CHR 77230, »Auf dich vertrau ich«, Stück: »Singt ein Danklied/Rendez grâce au Seigneur«.

Tanzbeschreibung

Die Tanzenden stehen mit Blick zur Mitte im Kreis, die Hände sind durchgefasst. Nach einem Auftakt setzt der Tanz beim Wort »Danklied« ein.

Bei den gesungenen Strophen zum Lied:

In Tanzrichtung: R vor, L tipp / L vor, R tipp / R vor, L tipp / L vor, R tipp

Zur Mitte gewendet: R seit, L ran (langsam)

Beim »Halleluja«:

Am Platz gestreckte Arme langsam ganz hochheben, gestreckt wieder senken.

Tanz

Danket Gott, denn er ist gütig. Seine Huld währt ewig.
Danket Gott, denn er hat uns befreit. Den Tod hat er bezwungen.
Danket Gott, denn er hat uns erhört. Seine Liebe ist ohne Ende.

Tanz

Danket Gott, denn er hat Wunder vollbracht. Ihn preisen Himmel und Erde.
Danket Gott, er hat unsere Erde gemacht. Die Sonne, den Mond, den Tag und die Nacht.

Tanz

Danket Gott, er hat uns aus der Bedrängnis geführt. Er führt uns den Weg zum Licht.
Danket Gott, denn er speist alle. Er vergisst die Seinen nicht.
Danket Gott, denn er ist gütig. Groß ist alles, was er tut.

Margot Schindele

GEBÄRDE UND TANZ ZU LIEDERN AUS DEM GOTTESLOB

Das Gotteslob enthält viele Lieder, mit denen Gott Dank, Lob und Preis gesungen wird. Zu einem kurzen Liedruf oder einem eingängigen Kanon lassen sich Gebärden oder Tänze einfach choreographieren. Beispiele:

Gebärde zu GL 280 »Preiset den Herrn«

Die Gebärde wird im Stehen am Platz bzw. in den Kirchenbänken ausgeführt.

Preiset den Herrn,
Arme gestreckt nach oben führen.

denn er ist gut.
Arme herunternehmen und vor der Brust kreuzen.

Danket dem Herrn,
Arme wieder geöffnet nach oben strecken.

denn er ist gut.
Arme ganz senken.

Von vorn bei den weiteren Strophen.

Tanz zu GL 283 »Danket, danket dem Herrn«

Je nach Gruppengröße kann der Tanz mit allen gemeinsam oder im Kanon gesungen und bewegt werden. Die Tanzenden stehen in einem Kreis bzw. beim Kanon in konzentrischen Kreisen. Die Hände sind durchgefasst.

Danket, danket dem Herrn,
In *Tanzrichtung einen* Pilgerschritt: R *vor*, L *vor*, R *vor*, *auf* L zurück, *wiegen*.

denn er ist so freundlich;
Wiederholung: in *Tanzrichtung einen* Pilgerschritt (s. o.)

seine Güt' und Wahrheit
Am Platz: *ganze* Drehung um *die eigene* Achse *nach* rechts in *vier* kleinen Schritten (R, L, R, L); *dabei* Hände lösen, Arme *von* unten *nach oben spiralförmig* mitnehmen, *wobei zunächst* der rechte, *dann* der linke Arm in *die* Drehung *zieht*, Arme sind *abschließend nach oben* geöffnet.

währet ewiglich.
Am Platz: *wiegen auf* R, L, R, L; *dabei die* Arme bis in *die* Horizontale senken, durchfassen, Arme *werden abschließend* durchgefasst bis unten *gesenkt*.

Von *vorn*.

ISOLDE NIEHÜSER

Werkstatt Gottesdienst

AUFRECHT LEBEN – DIE GEKRÜMMTE FRAU (Lk 13,10–13)
Wortgottesfeier

Eine große Vase mit gekrümmten Zweigen (z.B. Haselnuss) steht in der Mitte. Sehr gut eignen sich Zweige, die kleine Knospen haben. Für jede Teilnehmerin wird ein farblich ansprechendes Papier (ca. DIN A5 oder in der Form eines Blattes) bereitgehalten sowie Stifte und Wollfäden; für die Gottesdienstleiterin eine Gartenschere.

Lied
»Komme jetzt und dann« (kfd-Liederbuch, Nr. 58)

Eröffnung
Wir versammeln uns vor Gott, um aus seiner Nähe Kraft zu schöpfen. Wir feiern im Namen des Vaters und des Sohnes und des Heiligen Geistes.

Einführung
Wir hören heute von einer Frau, die wir vermutlich kennen – nicht persönlich, doch ihre Geschichte ist uns sicherlich vertraut. Es ist eine bekannte Erzählung aus dem Lukas-Evangelium: Jesus heilt eine Frau, die lange krank gewesen ist, von einer Verkrüppelung. Es geht um die gekrümmte Frau.
Aber es geht noch um mehr. Es geht auch um uns.
Gott wollte, dass diese Frau aufrecht lebt. Er will, dass wir alle aufrecht leben. Was mag das für uns hier und jetzt bedeuten?
Hören wir zunächst, wie es dieser Frau erging.

Evangelientext I

Lk 13,10–11 Die gekrümmte Frau

Frauengeschichte I

ich bin eine frau ohne namen
immerhin eine tochter abrahams
ich gehöre zum auserwählten volk gottes!
gehörte ...
denn irgendwann
so meinen alle
hat gott mich gestraft

ich bin nicht mehr die jüngste
aber ich hatte ein gutes leben
bis mir vor langer zeit
vor achtzehn langen jahren
etwas schlimmes widerfuhr
seither trage ich schwer
an meinem leben

es schlich sich heran
wie eine keimende krankheit
es kroch mir in den nacken
wie ein bleiernes gewicht
es lag auf mir
wie ein mächtiger wahn
hart und fest
bis ich nicht mehr konnte
nichts mehr dagegen halten
es kriegte mich klein

so wurde ich
die tochter abrahams
langsam aber sicher
eine armselige kreatur
mir selbst fremd
den anderen ungeheuer
und gott eine last
am ende war
nicht nur mein rücken verkrümmt

gebeugt auch meine seele
kleinmütig mein wille
und niedrig mein sinn
ich war unglücklich bis ins herz

Besinnung I

Wir kennen das: Für einen kurzen Moment oder für ein ganzes Leben sind wir unglücklich bis ins Herz: weil etwas auf uns lastet, weil etwas uns drückt, weil etwas uns keinen Raum zum Leben lässt.
Gehen wir in die Stille, um das Schwere unseres Lebens anzuschauen:
Was lastet auf meinem Leben?
Was drückt mich?
Was lässt meiner Seele keinen Raum?

Sie sind eingeladen, Ihre Erfahrungen des Schweren und Belastenden aufzuschreiben, jede für sich. Wir wollen die kleinen Blätter einrollen und an die gekrümmten Zweige hängen. Bitte schreiben Sie Ihren Namen außen auf die Papierrolle, sodass Sie sie wiederfinden können. Das Aufgeschriebene dient der Selbstbesinnung und wird nicht vorgelesen.

Die Papierrollen werden geschrieben und in Stille (ggf. mit leiser Musik) an die Haselzweige gehängt.

Kyrie

Wir haben die Lasten, die uns krümmen, aufgeschrieben. Die eigene Not benennen können, das ist ein erster Schritt, sie Gott hinhalten, ein zweiter. Dies tun wir im Kyrie nun gemeinsam:

Gott, vor dir liegt unsere Not.
Vor dir liegt, was uns beugt und verkrümmt.
Vor dir liegt, was uns klein macht.
Vor dir liegt, was uns den Raum zum Leben nimmt.
Gott, erbarme dich.

Liedruf

»Herr, erbarme dich« (Erdentöne – Himmelsklang, Nr. 5)

Die Frau aus dem Evangelium hat dasselbe getan wie wir. Sie hat Gott ihre Not entgegengehalten. Der Evangelist vermerkt ausdrücklich, dass sie sich in einer Synagoge aufhält. Dort begegnet sie Jesus. Diese Frau, so verkrüppelt sie auch ist, stellt sich in Gottes Nähe.
Und deshalb ist ihre Geschichte auch noch nicht zu Ende.
Wir wollen hören, wie es weiterging:

Evangelientext II

Lk 13,12–13 Die Heilung der gekrümmten Frau

Frauengeschichte II

ich bin eine frau ohne namen
aber mehr denn je
weiß ich heute:
ich war und bin und bleibe immer

eine tochter abrahams
ich gehöre zum auserwählten volk gottes

ich gehöre zu denen
die er bemerkt

ich habe das leben wieder
das leben in fülle
weil mir noch einmal
etwas widerfahren ist

dort in der synagoge
wo ich immer hoffte
gott auch als gekrümmte noch
möglicherweise
nahe zu sein
dort saß er im kreis der gelehrten
und hat mich gesehen
gerufen

und weil ich erschrak
war ich's doch nicht gewohnt
genannt zu werden
kam er näher
kniete sich vorsichtig nieder
so dass ich nach langer zeit
wieder menschliche augen sah

und mehr noch
er legte seine hand
mir in den nacken
und als spränge eine kette
als löse sich ein gewirr
als verflöge ein gewicht
wurde ich leicht

und geschmeidig
gerade

er reichte mir die hand
half dies zu spüren
zu nutzen, zu sein
half mir
mich aufzurichten

voll staunen sah ich die welt
den hellen raum
den himmel vor seinen fenstern
voll staunen sah ich noch einmal diese augen
und die augen aller
stellt euch vor: wohlwollend auf mir

voll staunen jubelte mein herz
sang meine seele
und jauchzte mein sinn
gott zu
der mir wirklich
dort in der synagoge
ganz nahe war

seither kann ich nicht schweigen
und weiß zu erzählen:
es war nicht gott
der mich duckte
es war gott
der mich aufgerichtet hat

Gloria

Wir wollen in den Jubel dieser Frau einstimmen – angesteckt von ihrer Hoffnung und Erfahrung:
Es ist nicht Gott, der uns niederdrückt. Es ist Gott, der uns aufrecht will.

Lied

»Wie ein Fest nach langer Trauer« (Erdentöne – Himmelsklang, Nr. 288)
Der Text des Refrains lässt sich – leicht verändert – gut an das Thema anpassen. Statt: »So ist Versöhnung, so muss der wahre Friede sein. So ist Versöhnung, so ist Vergeben und Verzeihn« wird gesungen: »So ist Genesung, ja so muss wirklich Heilung sein. So ist Genesung, so muss ein neues Leben sein.«

Besinnung II

Jede von Ihnen soll die Hoffnung, die wir eben besungen haben, auch mit nach Hause nehmen. Die Zweige, an denen die aufgeschriebenen Lasten hängen, werden nun abgeschnitten und jede nimmt ihren Zweig mit. Möge er Blätter treiben und Sie erinnern:
Es ist nicht Gott, der uns niederdrückt. Es ist Gott, der uns aufrecht will.
Die Zweige werden abgeschnitten und verteilt.

Segen

Guter Gott, der du uns aufrecht und gerade geschaffen hast:
Begleite uns auf unseren Wegen,
stärke uns den Rücken und öffne uns den Blick für die Welt um uns her.
Diese Zusage schenke uns der Vater, der Sohn und der Heilige Geist.

Lied

»Ich lobe meinen Gott, der aus der Tiefe mich holt« (kfd-Liederbuch, Nr. 108)

MARTINA KREIDLER-KOS

»DREI FENSTER ERLEUCHTEN JEDEN MENSCHEN« – AUF DEN SPUREN DER HEILIGEN BARBARA
Wortgottesdienst im Advent

Für jede Teilnehmerin wird ein Kirsch- oder Forsythienzweig in einer Vase bereitgehalten. Weiter werden benötigt: Klangschale, CD-Player und ruhige Meditationsmusik, evtl. eine Darstellung der heiligen Barbara. Die Teilnehmerinnen sitzen möglichst im Stuhlkreis.

Einführung
In der Adventszeit trifft man im Heiligenkalender der Kirche auf adventliche Menschen: Heilige, die den nachfolgenden Generationen durch Gedenktage, Legenden, Bräuche und Symbole viele Jahrhunderte hindurch erhalten geblieben sind. Das Leben der Heiligen war wohl ein gehaltenes, erwartendes, selbst in Widerständen getragenes Leben, das zu neuen Durchbrüchen, zu tiefer Treue, zu echtem Selbstbewusstsein verhalf. Dadurch wurde es zum wunderbaren Leben, das in Heiligenlegenden bis heute beschrieben wird.
Barbara, der die Kirche am 4. Dezember gedenkt, war eine dieser Heiligen. Ihr soll in diesem Gottesdienst nachgegangen werden.

Legende zum Leben der heiligen Barbara
Unzählige Bilder, Statuen und Kirchen stellen uns die Gestalt der heiligen Barbara (griechisch: Ausländerin, Fremde) meist als junge Frau, kostbar und schön gekleidet, vor Augen. Die heilige Barbara gehört zu den 14 Nothelfern. Sie wird mit Kelch – ein bittender Hinweis, sie möge in der Sterbestunde beistehen – und Schwert als Symbol ihres Martyriums dargestellt. Ihr Erkennungszeichen ist aber vor allem ein Turm mit drei Fenstern. Davon erzählt die folgende Legende:

Barbara war die Tochter eines reichen Kaufmanns. Ihre Mutter starb früh. Die Überlieferung kennt den Namen des Vaters: Dioskuros. Er lebte zu Beginn des vierten Jahrhunderts in Nikomedia, dem heutigen Izmid, einer Stadt im nördlichen Kleinasien, der heutigen Türkei, und er verehrte in seinem Haus viele Götterbilder. In dieser Zeit herrschte eine große Christenverfolgung. Barbara war außergewöhnlich schön (aber welche Eltern sagen das nicht auch von ihrer Tochter?) und ihr Vater liebte sie sehr. Er sorgte für eine gute Erziehung und hoffte, sie würde sich später mit einem vornehmen Jüngling vermählen. Er ließ für sie einen Turm errichten, zu dem kein Fremder Zutritt hatte. Wenn der Vater verreisen musste, sperrte er Barbara dort ein, um sie vor allen fremden Einflüssen zu bewahren, besonders aber, um sie von Christen fernzuhalten. Nur die Dienerinnen und ihr Lehrer durften zu ihr kommen. Der Lehrer war ein Anhänger des Christentums und sein Herz war von dem neuen Glauben so erfüllt, dass er auch Barbara von Jesus erzählte. Schließlich ließ Barbara sich taufen.

Auf Barbaras Wunsch ließ der Vater in ihren Turm dann ein Bad einbauen. Es sollte zwei Fenster haben. Aber Barbara bat den Maurer, nicht zwei, sondern drei Fenster in die Mauer zu schlagen.

Der Vater, von einer Reise zurückgekehrt, stellte Barbara für ihr eigenmächtiges Tun zur Rede. Da sagte sie zu ihm: »Drei Fenster erleuchten jeden Menschen.« Er fragte: »Warum erleuchten drei mehr als zwei?« und Barbara erwiderte: »Drei sind es, welche die Welt erleuchten und der Sterne Lauf regeln, nämlich Vater, Sohn und Heiliger Geist. Gottes Licht und Liebe haben mich auch hier in meinem Gefängnis erreicht. Und aus dem Turm strahlen sie in die Welt hinaus.«

Der Vater, der die Christen hasste, errötete vor Zorn. »Du hast unsere alten Götter verraten«, schrie er. »Ich befehle dir, deinem neuen Glauben abzuschwören!« Barbara weigerte sich und entgegnete ihm: »Den Fluch deiner Götter fürchte ich nicht, denn mich hat Jesus gesegnet.« Da verwandelte sich des Vaters blinde Liebe zu seinem Kind in tödlichen Hass und Barbara musste vor ihm fliehen. Sie versteckte sich in einer Felsenhöhle auf einem abgelegenen Feld, doch ein Hirte verriet sie. Der Vater nahm sie gefangen und ließ sie mehrfach foltern. Ihre Wunden wurden

jedoch stets auf wundersame Weise geheilt, bis der Vater sie eigenhändig enthauptete. Daraufhin erschlug ihn der Blitz.
Barbara starb als Märtyrerin. Der Glaube hatte ihr ein Fenster für Gott geöffnet und der Tod wurde für sie das Tor zum ewigen Leben bei Gott.

Überleitung

Barbara setzt ein Zeichen, das bis heute hell strahlt. Sie durchbricht die Verbundenheit mit dem leiblichen Vater, der Vergangenheit und den Grenzen der alten Welt.

Lied

»Meine engen Grenzen« (Erdentöne – Himmelsklang, Nr. 147 oder FrauenGottesDienste 2, S. 66)

Meditation

An Barbara denken wir heute.
Jahrhunderte liegen zwischen uns,
viele Kilometer – uns trennen Welten.

Wie das wohl sein mag?
Verschlossen in einem Turm,
einem Turm mit dicken Mauern,
dessen Fenster von hoch oben
weit in das Land hinaus sehen lassen.

Unwirklich scheint die Welt draußen,
unwirklich das eigene Leben
drinnen.

An Barbara denken wir heute.
Jahrhunderte liegen zwischen uns,
viele Kilometer – uns trennen Welten.

Und doch,
das Leben im Turm
ist uns nicht ganz fremd:
Manchmal fühlen wir uns eingesperrt.
In tragbaren Gefängnissen
bewegen wir uns scheinbar frei –
abgeschnitten von der Welt,
von Menschen durch Mauern getrennt.
Manchmal fragen wir uns:
Wer hat mich eingesperrt?
Wohl kein böser Vater …
Böse Verhältnisse? – Oder die Kälte der Welt?
Die Härte der Zeit? – Oder ich selbst?

Barbara konnte die Mauern nicht niederreißen.
Auch wir können uns nicht selbst befreien.
In einen Turm hat uns niemand eingesperrt.
Und doch muss uns Christus erst befreien,
befreien, anderen zu helfen,
von unserer Hoffnung zu sprechen
ohne Scheu.
Die Augen sind die Fenster der Seele.
Die Augen unseres Turmes sind:
Vater, Sohn, Heiliger Geist.
Sie sehen auf das Wesentliche.

Aufrecht, unbeugsam, mutig, entschlossen leben –
das lernen wir von Barbara.
Würden wir ebenso handeln?

Meditation

Die Frauen werden eingeladen, bei meditativer Musik im Kirchenraum umherzugehen oder sich einen Platz zum Verweilen zu suchen.
Folgende Impulse können zum Nachdenken gegeben werden:

- Manchmal fühle ich mich eingesperrt ... verschlossen in einem Turm mit dicken Mauern ...
- Manchmal frage ich mich: Wer hat mich eingesperrt? Wovon lasse ich mich einsperren?
- Wohin schaue ich durch meine Fenster?

Nach ungefähr einer Viertelstunde ertönt die Klangschale und die Frauen kehren in den Kreis zurück.

Gemeinsames Gebet

Gott, durch die heilige Barbara bitten wir dich:
Öffne du, was unheilvoll verschlossen ist,
was uns trennt von anderen und von uns selbst,
was uns trennt von dir.
Schenke du uns den heilvollen Blick in die Weite,
der uns verbindet mit anderen und mit uns selbst,
der uns verbindet mit dir.

Symbolhandlung

Barbara durchbricht die Mauer, schafft Licht und Weite. Sie bricht den Stein auf. Sie bringt ihn zum Verschwinden, so wie der Stein, der vor Jesu Grab gelegen hatte, seinen Platz räumen musste. Durch die Fenster verschafft sie sich einen neuen Blick auf ihr Leben und auf die Welt. Sie gewinnt eine neue, unverhoffte Sicht.
Barbaras Haltung ist nicht: »Ich komme auf keinen grünen Zweig.« Und vielleicht gibt es einen Zusammenhang mit dem um 1800 beginnenden Brauch, einen Barbarazweig zu schneiden. Demnach werden am Fest der heiligen Barbara Zweige, meist vom Kirschbaum, geschnitten und

in eine Vase gestellt. Lange Zeit ist nichts Spektakuläres zu sehen, bis dann der Zweig zu Weihnachten blüht.
Sie sind nun eingeladen, sich einen Zweig zu nehmen. Wer möchte, darf dabei einen Wunsch für die Adventszeit formulieren.

Lied

»Freunde, dass der Mandelzweig« (kfd-Liederbuch, Nr. 83)

Segen

In Verbundenheit mit der heiligen Barbara bitten wir Gott um seinen Segen:
Der Segen des dreifaltigen Gottes komme über uns,
dringe ein in die Enge unseres Geistes,
durchbreche unsere Gleichgültigkeit
und erleuchte unser Inneres
mit den Strahlen seiner Freundlichkeit.
So segne uns der dreifaltige Gott, der Vater, der Sohn und der Heilige Geist.

ANKE SCHMITZER

Lieder

DU BIST DA

T: Jan von Lingen

M: Gerd-Peter Münden

2. Du bist da, du bist da, bist am Anfang der Zeit,
im Arm einer Mutter bist du. Bist am lichten Tag,
im Dunkel der Nacht hast du für mich schon gewacht.
Bist am lichten Tag, im Dunkel der Nacht hast du für mich gewacht.
Sitze ich da oder leg mich nieder, mache mich auf und steh.
Meine Gedanken kennst du von Ferne, weißt ganz genau, wohin ich geh.

3. Du bist da, du bist da, bist am Anfang der Zeit,
das Rätsel im Leben bist du. Bist am lichten Tag,
im Dunkel der Nacht hast du für mich schon gewacht.
Bist am lichten Tag, im Dunkel der Nacht hast du für mich gewacht.
Stehe ich staunend am Strand und träume, zähle die Körner im Sand.
Lote ich aus die Meerestiefe, sehe ich hinaus ins Sternenhaus.
Du bist da, du bist da, bist am Anfang der Zeit,
auch jenseits der Sterne bist du ...

GOTT, LASS DEN SEGEN DEINER LIEBE IN UNS SEIN

T und M: mündlich überliefert

Stichwort Liturgie

»DANK SEI GOTT, DEM HERRN!«

Zum Verständnis der Messfeier als Danksagung

»... dankbar, dass wir N. N. haben durften«

»Wir sind dankbar, dass wir N. N. haben durften« oder »Wir sind dankbar für die gemeinsamen Jahre mit N. N., für sein frohes Wesen, mit dem er uns oft angesteckt hat, ...« Wer solche Sätze in Todesanzeigen liest, zumal wenn auch noch ganz konkrete Eigenschaften des Verstorbenen oder gemeinsame Erlebnisse mit ihm genannt werden, spürt: Hier sprechen Menschen tief empfundene Gefühle aus. Sie sprechen von einem Menschen und sagen zugleich etwas über sich selbst und über ihre gegenseitigen Beziehungen. In ihren Worten wird – selbst für Außenstehende – etwas greifbar von dem, was ihnen wichtig und in ihnen lebendig ist. Und wenn sie das in die Öffentlichkeit einer Zeitung schreiben und damit vor Bekannte und Unbekannte tragen, ist nicht zu überhören, wie wertvoll ihnen dieser Mensch war und noch über den Tod hinaus ist – alle sollen davon hören und wissen.

Ähnliches muss die Christen in der frühen Zeit der Kirche bewegt haben, als sie ihre Zusammenkunft an jedem ersten Tag der Woche »Eucharistie« nannten – »Danksagung«. Sie kamen zusammen, weil dieser Tag sie erinnerte an das größte Ereignis, das sie mit dem Menschen verband, den sie jetzt weniger als zuvor mit seinem Namen »Jesus« nannten, sondern mit dem Titel »Kyrios«, weil er, der zuvor Geschundene und Gekreuzigte, sich gegenüber dem Tod als der Stärkere erwiesen hatte.

Vergegenwärtigendes Erinnern

Sie kamen am ersten Tag der Woche zusammen – nicht nur einmal, sondern noch in den Monaten, in den Jahren danach – zunächst die

Apostel, dann mit ihnen auch Frauen und Männer, die den Menschen Jesus noch persönlich gekannt hatten, dann auch jene, die sich von ihrer Begeisterung und ihrem Zeugnis anstecken ließen und darum zu ihrer Gemeinschaft gehören wollten. Sie kamen zusammen und sie kommen bis heute zusammen, um sich zu erinnern an ihn, um von Neuem seine Gegenwart zu erfahren, wenn in ihrer Mitte sein Wort verkündet wird, wenn über Brot und Wein im Gebet der Dank und Lobpreis ausgesprochen wird für ihn, für sein Leben und Wirken, für das, was er war und was er ist und bleibt.

Wer danach fragt, was denn eigentlich geschieht, wenn wir Christen heute die Messe, Eucharistie, feiern, geht am besten dieser Spur der dankbaren Erinnerung nach. Brot und Wein sind wunderbare Symbole für alles, was Leben heißt und ist. Ihre volle Kraft aber bekommen sie erst aus der Erinnerung dessen, was Jesus am Abend des Gründonnerstags vor seinen Jüngern darüber gesprochen hat. Es gibt für diese Art der Erinnerung im Griechischen ein eigenes Wort: »Anamnese«, das übersetzt soviel heißt wie »herauf-gedenken«. Etwas Vergangenes durch Gedanken hervorholen, sodass die damalige Wirklichkeit noch einmal gegenwärtig wird.

Das Toten-Gedenken, von dem eingangs die Rede war, kann uns erahnen lassen, was in jeder Eucharistiefeier geschieht. Wir sprechen gelegentlich davon, dass im Kreis vertrauter Menschen beim Gedenken eines Verstorbenen etwas von seinem Geist gegenwärtig wird. Wenn gemeinsame Erlebnisse erinnert werden, kann es sein, als wäre dieser Mensch noch da. Und die Erinnerung an ein Wort aus seinem Mund, an eine liebevolle Geste kann Kraft geben, um mit Schwierigkeiten in der Gegenwart zurechtzukommen.

Anamnese – »Herauf-gedenken« – ist ein Stichwort, um den roten Faden zu entdecken, der sich durch die Eucharistiefeier zieht. Und vom »Gedenken« ist es nicht weit zum »Danken«.

Das fängt schon an, bevor die Feier beginnt: Am ersten Tag der Woche versammeln sich die Christen, am Auferstehungstag ihres Herrn. In

christlichen Ländern ist dieser Tag frei von der beruflichen Arbeit, die uns die Woche über in Bewegung hält. An diesem Tag dürfen wir ruhen – nicht nur im Sinne einer Entspannung, sondern im Sinne dessen, was die Bibel meint, wenn sie vom letzten Schöpfungstag sagt: Da ruhte Gott von seinem ganzen Werk. Nicht die Pflicht, das Tun ist jetzt an der Reihe, sondern das Genießen dessen, was geschaffen ist. Einfach da sein in der Freude über das, was mir gegeben ist. Die Hände öffnen, nichts festhalten, um damit zu arbeiten, sondern einfach öffnen, um mein Leben als Geschenk anzunehmen. Je mehr wir loslassen, desto mehr wird, was wir haben, zum Geschenk.
Der Gang zur Kirche ist selbst schon ein Loslassen – ein Loslassen dessen, was wir sonst zu tun haben, was uns bindet und auch knechtet. Es weitet sich der Blick und auch das Herz. Und wenngleich der Kopf mit all seinen Gedanken und seinen Sorgen mitkommt, der Kirchenraum, die Musik, die Lieder und Texte, die uns erwarten, sprechen von anderem als von dem, was uns alltäglich bewegt. Wir ahnen, dass das Leben noch etwas anderes ist, dass wir selbst größer sind als das, was unsere Zeit in Anspruch nimmt und füllt.
Und wir sind nicht allein. Vor und neben und hinter uns sind andere, die mit dem gleichen Ziel hergekommen sind: zum Gedenken dessen, mit dessen Existenz uns viel verbindet, auch wenn der laute Alltag es oft übertönt. Es ist so ähnlich wie bei dem Gedenken an einen lieben Menschen, der in seinem Leib nicht mehr da ist: Es verbindet die Zusammengekommenen miteinander, dass sie alle zu ihm eine Beziehung haben, gemeinsame oder ähnliche Erfahrungen mit ihm. Je inniger die Erfahrungen mit ihm, desto dichter ist auch die Gemeinschaft untereinander. Was im Blick auf die Messfeier diese Erfahrungen sind, wird ins Bewusstsein gehoben im Wort der Heiligen Schrift.

Erinnerung erfahrenen Heils – der Wortgottesdienst

»Vergelt's Gott!« sagten vor Jahrzehnten in manchen Gemeinden die Menschen nach dem »Amen« des Priesters am Ende seiner Predigt. Sie sagten es dafür, dass er ihnen Gottes Wort verkündet hatte. Von den Schriftlesungen haben sie Jahrhunderte hindurch nichts verstanden, weil diese lateinisch – und oft nur leise – gelesen wurden. So waren sie angewiesen auf das, was er ihnen daraus in ihrer Sprache noch einmal vortrug und was er zur Deutung sagte: die frohe Botschaft von dem Erlöser, nach dem sie sich in ihrem oft sehr bescheidenen und bedrohten Leben sehnten. Und auch wenn sich die Frohbotschaft mitunter wie eine Drohbotschaft anhörte, weil da deutlich gesagt wurde, wohin Irrwege führen, war das »Vergelt's Gott« angemessen als Dank für eine Wegweisung, die einen vielleicht vor dem Absturz bewahrte.

Heute hören wir die Heilige Schrift in ihrem Wortlaut. Bevor der Priester sein persönliches Wort an die Versammelten richtet, wird das »Wort des lebendigen Gottes« verkündet. Schwestern und Brüder im Lektorendienst verkünden es ihren Geschwistern im Glauben. Sie lesen ihnen die Erzählungen aus alten Tagen vor, wie Gott die Welt und den Menschen geschaffen und gewollt hat, die Geschichten von den Wegen und Irrwegen dieser Menschen, von Gottes Begleitung, von seinem Zorn und seinem Erbarmen.

Es sind unsere eigenen Geschichten, die wir da hören, die Geschichten unserer guten Taten und unseres Versagens, die Geschichten davon, was Gott mit uns vorhat und anfängt, die Verheißungen, die weit über das hinausweisen, was irdische Macht verheißen kann.

Gott kommt uns in seinem Wort entgegen. Dieses Kommen ist ganz konkret: Das Wort der Heiligen Schrift wird uns zugesprochen, nicht nur vorgelesen. Der Satz Jesu »Steh auf, nimm deine Tragbahre und geh nach Hause« gilt nicht nur dem Lahmen, den seine Freunde vor Jesus bringen, sondern uns, wenn wir uns wie gelähmt durchs Leben schleppen, unfähig, uns selbst wieder aufzuraffen. Das »Du sollst wieder sehen. Dein Glaube hat dir geholfen« ist zu uns gesagt, wenn wir vor lauter Problemen den Durchblick verloren haben. »Deine Sünden sind dir vergeben«, spricht Jesus so wie zur Sünderin zu uns, wenn wir uns schuldig und schmutzig wissen. Seine Mahnungen treffen uns, um uns vor Gefahren zu warnen, und ebenso seine Verheißungen, damit wir wissen, wofür wir glauben und uns mühen. Darum und dazu sagen wir unser »Dank sei Gott« nach der Lesung und unser »Lob sei dir, Christus« nach dem Evangelium.

Ein letztes Geschenk – das Abendmahl

Manchen Menschen ist ein Sterben geschenkt, bei dem sie bewusst Abschied nehmen dürfen von ihren Lieben und ihnen noch ein Wort mit auf den Weg geben können. Ein solches Wort, ein letztes Geschenk, die letzte Umarmung können die Hinterbliebenen ein Leben lang begleiten als frohe Erinnerung, als Trost in schweren Stunden, als Kraft, das eigene Leben zu meistern, als Zeichen einer Gemeinschaft, die den Tod überdauert.

Jesu Sterben war von dieser Art. Der Bericht der Evangelien vom letzten Abendmahl führt uns in den Raum, in dem er, wissend, was auf ihn zukommt, von seinen engsten Vertrauten Abschied nimmt. Abschied nimmt und zugleich eine gemeinsame Zukunft eröffnet, indem er seinem Tun in dieser Stunde hinzufügt: »Tut dies zu meinem Gedächtnis!« Sein eigenes Tun in diesem Augenblick ist selbst Erinnerung, nämlich das Gedenken, wie Gott in der Vergangenheit sein Volk durch alle inneren und äußeren Gefahren geführt hat, getreu seinem mit ihm geschlossenen Bund. An diesen Alten Bund knüpft Jesus nun an und stiftet seinen Neuen Bund. »Mein Leib«, »mein Blut« sind die Zeichen, die er ihnen übergibt, und mehr noch: »Tut dies« – es ist ein Geschehen. Sie werden Tage und Wochen brauchen, um voll zu erfassen, was er ihnen da gegeben hat: tatsächlich seine Gegenwart, das, was sie an diesem Abend erlebten, was danach mit ihm geschah, der schmachvolle Tod, sein Kommen durch verschlossene Türen, sein Heimgang zum Vater, das Pfingstereignis, als sein Geist sie gleichsam außer Rand und Band geraten ließ.

Die Jünger tun, was ihr Meister ihnen aufgetragen hat, und erfahren darin seine Gegenwart. Sie lassen andere daran teilhaben und diese werden aus Zuschauenden und Hörenden selbst Betroffene – in Jerusalem, in anderen Städten, und sie gehen damit in die ganze Welt. Das setzt sich fort von Generation zu Generation bis heute.

Vergangenes wird lebendige Gegenwart

»Wir sind dankbar, dass wir N. N. unter uns haben durften« – was wir in Todesanzeigen gelegentlich lesen, ist feste Tradition in der christlichen Versammlung. Feierlich hebt da der Priester an: »In Wahrheit ist es würdig und recht, dir, allmächtiger Vater, zu danken durch unseren Herrn Jesus Christus. Denn Fleisch geworden ist das Wort, und in diesem Geheimnis erstrahlt dem Auge unseres Geistes das neue Licht deiner Herrlichkeit. ... Er heilt die Wunden der ganzen Schöpfung, richtet auf, was darniederliegt, und ruft den verlorenen Menschen ins Reich deines Friedens. ... Seine Wahrheit leuchtet den Suchenden, seine Kraft stärkt die Schwachen, seine Heiligkeit bringt den Sündern Vergebung. Denn er ist der Heiland der Welt. ... Durch seinen Tod hat er unseren Tod vernichtet und durch seine Auferstehung das Leben neu geschaffen. ... Durch ihn wird den Gläubigen das Tor des himmlischen Reiches geöffnet . ... Er kehrt zu dir heim, nicht um uns Menschen zu verlassen, er gibt den Gliedern seines Leibes die Hoffnung, ihm dorthin zu folgen, wohin er als Erster vorausging. ...«
Die feierliche Sprache lässt uns ahnen, dass uns das Gedenken an den Jesus von Nazaret, den verherrlichten Christus, heraushebt aus den kleinen Freuden, Sorgen und Nöten des Alltags. Der Atem wird weit, wenn der Priester seine Arme ausbreitet, um den großen Dank vorzutragen, der Blick geht in die Höhe, es geht ums Ganze unseres Lebens.

Verdankte Gemeinschaft

Dem Gebet, das so feierlich anhebt und seinen Höhepunkt findet im Erinnern des Geschehens im Abendmahl, folgt das Essen von dem Brot und das Trinken von dem Wein, von den Gaben, über die diese Erinnerung als Lobpreis gesprochen wurde. Das ist das Abschiedsgeschenk, das Christus der Gemeinschaft der Versammelten und jeder und jedem Einzelnen von ihnen hinterlassen hat. Augenblicke, in denen wir in der Erinnerung an einen dahingegangenen geliebten Menschen, in einem Zeichen, das er uns hinterlassen hat, seine Nähe spüren, erfüllen uns mit Dankbarkeit. Bei der Feier der Eucharistie ist dieser Dank ein eigenes Element – der Kommunion-Dank.

»Communio« heißt Gemeinschaft: Die Teilhabe am Geschehen der Eucharistie ist innigste Gemeinschaft: mit Christus, der sich selbst darin schenkt, und mit all jenen, die hier und heute und weltweit von dieser gleichen Speise leben. In solcher Gemeinschaft aufgehoben zu sein, ist das Glück der Gläubigen. Darum ist am Ende der Feier unser letztes Wort: »Dank sei Gott, dem Herrn!«

EDUARD NAGEL

Dr. Eduard Nagel ist Mitarbeiter beim Liturgischen Institut in Trier und Hauptschriftleiter der Zeitschrift »Gottesdienst«.

Kurz vorgestellt

SEGNEN UND GESEGNET WERDEN

Li Hangartner und Brigitte Vielhaus (Hg.), segnen und gesegnet werden. Reflexionen, Impulse, Materialien, KlensVerlag, Düsseldorf 2006, 168 Seiten, 11,80 Euro

Irische Segenswünsche auf Karten und in Büchern, Segenslieder, Segensfeiern für Verliebte, Segen zur Scheidung und Segensbücher ohne Ende. Und dann noch ein Segensbuch?

»segnen und gesegnet werden« unterscheidet sich wohltuend. Im ersten Teil führen bekannte Theologinnen und Theologen ein in das Thema Segen. Hintergründiges aus der Theologie und Bedenkenswertes aus biblischer Sicht legen eine gute Grundlage. Der zweite Teil versteht sich als »Segenswerkstatt«. Er enthält praxisorientierte Modelle für die Arbeit vor Ort, Zeitpläne und Arbeitsblätter. Veranstaltungen laden ein, eigene Segenstexte zu erarbeiten oder sich mit eigenen Segenserfahrungen auseinanderzusetzen. Der dritte Teil enthält eine umfangreiche Sammlung von Segenstexten, Segensgebeten und Liedern. Die Texte eignen sich für die Gestaltung von Gottesdiensten in Frauengruppen und in der Gemeinde. Sie laden auch ein, sich ihnen ganz individuell zu stellen und sich Segen zusagen zu lassen.

Mit ihrem Buch möchten die Herausgeberinnen dazu »ermutigen, den Segen wieder mehr in den Alltag zu holen, da zu Segnenden zu werden, wo Kommen und Gehen in den unterschiedlichen Lebenssituationen danach fragen«. Das Buch, das ein Arbeits- und auch ein Geschenkbuch ist, ermutigt dazu, einander Segen zuzusprechen und damit – ganz biblisch orientiert – einander zum Segen zu werden.

MARIE-LUISE LANGWALD

Verwendete Schriftstellen

1 Kön 19,5–8 24
Ps 30 18
Ps 136,1–9.13–14.16.25–26 11
Mk 14,3–9 29
Mk 14,22–24 13
Lk 10,21 32
Lk 13,10–13 62 ff
Eph 1,3–10 12
Kol 3,15b–17 32
Offb 21,2–5a 40

Textnachweis

S. 27: Die Kugeln, bearbeitet von Marie-Luise Langwald, aus: Holle Schneider, Anstöße für lebendige Gespräche in Frauengruppen, 6. Auflage 1997, © KlensVerlag Düsseldorf, S. 55.
S. 51: Petrus Ceelen, Früher – heute, aus: Wie auf Erden so im Himmel, © Verlag Katholisches Bibelwerk GmbH, Stuttgart 1989.
S. 53: Jacqueline Keune, Danke, dass es einen Himmel gibt, aus: Jacqueline Keune, Vom Bedenken und Zusagen. Liturgische Texte, © db-Verlag, Luzern 2004, S. 61.

Liedregister

Die Ziffer bezeichnet den Band FrauenGottesDienste, in dem das Lied abgedruckt ist. Lieder mit Tanzbeschreibung sind durch ein (T) gekennzeichnet.

Abend ward, bald kommt die Nacht 2
Abigail 12
All eure Sorgen 16
All unsre Not ist gestillt 14
Alle Knospen springen auf 9
Aufstehn für Gerechtigkeit 8
Aus allen Steinen Brücken bauen 13
Aus der Tiefe meiner Sehnsucht 16
Aus der Tiefe rufe ich zu dir 15
Aus Traum und Tränen 5

Behüte sie, Gott 12
Bei dir ist die Quelle des Lebens 10
Bevollmächtigt, Zukunft zu gestalten 2
Bewahre uns Gott 2, 12
Bleib mit deiner Gnade bei uns 16
Brich mit den Hungrigen dein Brot 9

Christus, dein Licht 11

Da berühren sich Himmel und Erde 6
Das Wirken unsres Gottes 2
Der grüne Zweig in meiner Hand 4
Der Herr sei in deinem Herzen 13
Der Himmel geht über allen auf 14
Der Weg nach Betlehem 3
Dir sei Preis und Dank und Ehre 15
Du bist da 21
Du bist die Liebe 5
Du bist eine von uns, Maria 14
Du bist gesegnet (T) 19
Du, Gott, stützt mich 7
Du, meine Seele, singe 7
Du verwandelst meine Trauer 18

Einer ist unser Leben 6
Engel fliegen auf Betlehem zu 11
Erleuchte und bewege uns 7

Füße hast du und Flügel 20

Geh unter der Gnade 17
Geht in die Nacht 3
Gemeinde entsteht nur gemeinsam (T) 9
Glaube ist der Vogel, der singt 10, 13
Good bye: God be with you 13
Gott segne unsre Wege 6
Gott, du schenkst uns Vollmacht 2

Gott, lass den Segen deiner Liebe in uns sein 21
Groß sein lässt meine Seele den Herrn 4

Hagar, erzähle! 12
Halleluja (Ihr seid das Volk) 9
Halleluja, Hallelu, Halleluja 4
Heilig ist der Herr, der die Erde schuf und mehr 19
Herr, bleib bei uns in dieser Zeit 17
Herr meines Lebens 2
Herr, die dich lieben (T) 7
Herr, erbarme dich 1
Herr, nun lässt du deinen Diener in Frieden fahren 11
Herr, wir kommen zu dir 10
Himmelswort, Gotteszelt 11
Hör unser Rufen 3
Höre meine Worte, Gott 5

Ich möcht, dass einer mit mir geht 19
Ich steh an der Klagemauer 5
Ich suchte meinen Gott 13
Ich will dich rühmen, Herr 2
Im Anschauen deines Bildes 15
In der Dunkelheit leuchtet uns auf 11

Jesus Christ, du bist das Licht 11

Keinen Tag soll es geben 15
Komm herein und nimm dir Zeit 17
Komm, Mutter Geist 5
Komme zu dir 2

Lasst uns miteinander 8
Lasst, was ihr habt (T) 8
Lausche und schaue 14
Licht der Welt 11

Mache dich auf und werde Licht (T) 3
Magnificat – Ich juble von ganzem Herzen 4
Magnificat – Meine Seele preist … 4
Man sagt, der Ort heißt Betlehem 3
Mein Hirt ist Gott der Herr 14
Meine engen Grenzen 1, 2
Meine Hoffnung und meine Freude 6
Meine Zeit steht in deinen Händen 1, 14
Menschen warten auf den Herrn 3
Mirjam-Lied (T) 7
Misericordias Domini 16
Milch- und Honigland 1
Möge dein Weg (T) 6
Morgenrot (T) 10
Mutter Geist 16

Nada te turbe (T) 20

Öffne meine Ohren, heiliger Geist 12

Sammle meine Tränen 5
Sanctus 1
Schenk uns Weisheit 2
Schweige und höre 4
Schwester, deine Liebe 10
Segne, Vater, Herz und Hand (T) 19
Seht, der Stein ist weggerückt 10
Seht die Männer dort beim Wein 12
Sei gegrüßt, Herr Jesus 16
Selig sind, die den Mut haben, sanft zu sein 18
Siehe, wir kommen 9
Singt ein Danklied dem Herrn (T) 20
Sometimes I wish 5
Stern über Bethlehem 3

Tage und Stunden und Jahre ... 16
Tief in der Erde 8

Unser Leben sei ein Fest 14

Wait for the Lord 11
Wasser wird zu Wein 4
Wechselnde Pfade 3
Weißt du, wo der Himmel ist? 15
Wende das Böse 18
Wenn der Tag vergeht 1
Wer ernten will 8
Wer gehört dazu? (T) 9
Wie Weihrauch steige mein Gebet 15
Wir singen das Lied der Befreiung 8
Wir spinnen feine Fäden 9
Wo die Liebe wohnt 20

Yo tengo fé 8

Zeit für Ruhe 1
Zeit zu leben 1